'Soms … n een antwoord op onze v…

– A…

'*Socrat*… neel boek over vragen ste… …eden en spitsvondige taa… … met elkaar combineren dat je het idee hebt dat je met een vriendin praat, terwijl je haar boek leest.'

– Ariane van Heijningen, praktisch filosoof bij DENKPLAATS

'Een helder en praktisch boek voor dappere denkers, die willen weten hoe je diepgaande gesprekken voert.'

– Sigrid van Iersel, verhalenmaker en interviewer

'Met veel voorbeelden uit het echte leven word je geconfronteerd met de hyperpersoonlijke luie stoel vanwaaruit we meestal vragen stellen. Door de directe schrijfstijl voel je meteen wat het effect is van een socratische houding, hoe je ruimte kan creëren voor een ander en hoe je door te luisteren de juiste vragen kan stellen.'

– Annemiek Laarhoven, stemacteur, koordirigent en muziekdocent

'Elke geeft mooie inzichten, en intelligente tips om verdieping aan te brengen in gesprekken. Daarbij rekent ze af met sommige communicatieclichés en schrijft ze los, levendig en ontwapenend.'

– Iris Posthouwer, trainer, coach en auteur van *Smalltalk survival*

'We willen het allemaal: een goed gesprek voeren met diepgang maar toch lukt het niet altijd. Dit boek verbindt alle lijntjes die je nodig hebt om een goed gesprek te voeren.'

– Nynke Brugman, jeugdzorgwerker

'Meer nog dan de praktische kant van de vraag, prikkelt de gedachte dat als mensen minder voelden dat ze alles moesten weten, en onwetendheid een kunde zou zijn, er meer respectvolle dialoog en wederzijds begrip zou ontstaan in ons nationaal debat.'

– Lars van Kessel, GZ-psycholoog, gezins- en relatietherapeut

'Ik heb het bijna in één ruk uitgelezen. Het heeft me aan het denken gezet over mezelf, maar het heeft me ook concrete handvatten gegeven om mee aan de slag te gaan.'

– Stella Amesz, verpleegkundig specialist wondzorg

Van Elke Wiss verscheen eveneens
bij Ambo|Anthos *uitgevers*

En ze filosofeerden nog lang en gelukkig

Elke Wiss

Socrates op sneakers

Filosofische gids voor het stellen van goede vragen

Ambo|Anthos
Amsterdam

MIX
Papier van verantwoorde herkomst
FSC® C014496

Eerste druk 2020
Eenendertigste druk 2021

ISBN 978 90 263 4689 7

Deze uitgave kwam tot stand door bemiddeling van
Sebes & Bisseling Literary Agency te Amsterdam
Omslagontwerp en -illustratie Bas van Vuurde
Foto auteur © Ruud Pos
Trouwfoto p. 238 © Michel Klooster Photography

Verspreiding voor België:
Veen Bosch & Keuning uitgevers nv, Antwerpen

Inhoud

‘Ongestoorde ontwikkeling’

[...]
Men moet geduld hebben
met onopgeloste zaken in het hart
en proberen de vragen zelf te koesteren
als gesloten kamers
en als boeken
die in een zeer vreemde taal geschreven zijn.
Het komt erop aan alles te leven.
Als je de vragen leeft,
leef je misschien langzaam maar zeker,
zonder het te merken,
op een goede dag
het antwoord in.

– Rainer Maria Rilke,
Brieven aan een jonge dichter

Inleiding

Voorbij het idee over wat goed is en wat fout is, is een prachtige tuin. En daar zal ik je ontmoeten.

– Rumi, Perzische soefidichter en mysticus

'Doe maar, gewoon stellen die vraag.' Socrates zat schuin achter me. Hij droeg felgekleurde sneakers en een batmancape.

'Doe dan, je hebt er een goede reden voor.'

Ik knipperde met mijn ogen. 'Socrates, ik weet dat jij van pakweg 2500 jaar geleden bent. Misschien heb je een en ander gemist, maar in de maatschappij van nu is dit niet een vraag die je zomaar even stelt.'

Het is heel wat jaren geleden. Ik volgde de cursus Praktische Filosofie. Mijn eerste kennismaking met dit concept. Ik zocht naar wat theorie, kennis en ervaring over het voeren van filosofische gesprekken en helder leren denken. Als theatermaker wilde ik graag wat handvatten om mijn eigen denkproces helderder te krijgen tijdens het maken van voorstellingen, én ik wilde scherpere vragen kunnen stellen aan mijn acteurs. Dus daar ging ik: naar de cursus Praktische Filosofie.

Tijdens de lunchpauze van de eerste cursusdag belandde ik aan een tafeltje met vijf anderen: één man en vier vrouwen. Het topic ter tafel: kinderen. Er werd een rondje gemaakt: heb jij kinderen? Ja, één zoon. En jij? Ja, twee dochters, van acht en tien. Aan iedereen werden nog wat vervolgvragen gesteld: Hoe oud zijn ze? Gaan ze al naar school? O ja, heeft die van jou ook al een eigen iPad?

Ik kende dat soort gesprekken inmiddels. Ik was eind twintig en had al wat van dergelijke gesprekken achter de rug. Zodra iemand tijdens zo'n gesprek zegt: nee, ik heb geen kinderen, valt er vaak een pijnlijke stilte, of wordt er snel een vraag gesteld aan de volgende. Ik verwonderde me daarover: mensen met kinderen willen graag praten over het hebben van kinderen, maar de verhalen van kinderlozen laten we het liefst onverteld. Ik vond toen al: ook zij hebben een verhaal. Waarom bepalen wij, door ze géén vragen te stellen, dat er geen ruimte is om ze dat te laten vertellen?

Ik kwam aan de beurt en zei dat ik geen kinderen had. Ik haalde adem om er nog wat zinnen aan toe te voegen. Ik werkte in die tijd veel met kinderen in de theaterlessen die ik gaf op scholen en zat vol toffe kinderverhalen waar ik er graag een paar van had willen delen.

Ik was ook nieuwsgierig naar de redenen en ervaringen van de anderen, en wilde ook best vertellen over mijn twijfels over het wel of niet beginnen aan kinderen. Hoe weet je nou of je wel of geen kind wilt, het is zo'n grote keuze, en tsja, ook zoiets als een tattoo op je voorhoofd, nogal definitief zeg maar, daar moet je goed over nadenken en hoe zijn jullie eigenlijk tot dat besluit gekomen?

Maar voordat ik verder kon spreken, werd de 'en jij-vraag' snel gesteld aan de volgende deelnemer. Iedereen keek geconcentreerd naar mijn buurvrouw, die inmiddels enthousiast vertelde over haar dochter van zeven. Mijn blik werd zorgvuldig gemeden: blijkbaar hoorde mijn verhaal niet in dit gesprek. Wat ik vreemd vond; we waren van min of meer dezelfde leeftijd, met in ieder geval dezelfde interesse gezien de cursus Praktische Filosofie waarvoor we ons allemaal hadden opgegeven. Een ideale context voor verdiepende gesprekken, in een omgeving waar je je niet hoeft te laten belemmeren door geldende normen en gespreksgewoontes.

Er borrelde een soort verontwaardiging in me op: Hoezo een gesprek over kinderen beginnen en dat gesprek enkel voeren met een select clubje? Hoezo stilzwijgend bepalen van wie de verhalen wel de ruimte krijgen om verteld te worden en van wie de verhalen worden gemeden? Hoezo degene die het betreft niet zélf laten bepalen of ze iets wil delen of liever niet?

Nadat mijn buurvrouw was uitgesproken over haar dochtertje, werd de vraag gesteld aan de volgende. Een dame van begin veertig, met speelse bruine krulletjes. Ze zei: 'Nee, ik heb geen kinderen,' en de groep wilde eigenlijk alweer door naar de volgende.

En toen vertraagde de tijd even. 'Gewoon stellen, die vraag. Je hebt er een goede reden voor,' hoorde ik achter me. Socrates lachte nog even ter bemoediging. En met leedvermaak, denk ik.

Ik keek hem aan en legde uit dat dat niet heel gebruikelijk is in deze tijd. 'Dat kan ik toch niet maken?' zei ik.

Socrates keek me aan. Trok zijn cape recht, poetste een vlekje van zijn sneakers. 'Dat is nu precies het probleem met jullie. Jullie hebben een norm bedacht die voorschrijft dat er vragen zijn die spannend zijn en ongepast, en andere vragen zijn goed en geoorloofd. En dat alleen maar omdat jullie van mening zijn dat je de ander vooral moet sparen, dat vragen vriendelijk moeten zijn en je échte, misschien wel pijnlijke, maar daardoor ook juist belangrijke en verbindende onderwerpen, moet vermijden.'

'Ja maar...'

'De vraag die je wilt stellen is een vraag naar een feit. Toch?'

'Eh... ja.'

'Hoe kan een vraag naar een feit in zichzelf een foute vraag zijn?'

'Dat eh... weet ik niet.'

'Precies. De vraag "Heb je zelf gekozen voor geen kinderen?" valt niet per se in een andere categorie dan "Heb je zelf gekozen voor deze haarkleur, broek, woonplaats of baan?". Dat jullie daar allerlei pijnlijke emoties aan toeschrijven, op eieren lopen en er een ongeschreven regel bijmaken, daar kan die vraag niets aan doen. Geen wonder dat zoveel van jullie behoefte hebben aan meer verdieping. Jullie maken van je gesprekken een mijnenveld: uit angst voor ontploffing houd je je gesprekken vooral lekker veilig. En daarmee oppervlakkig. En daarmee saai.'

Ik haalde adem om er iets tegenin te brengen. Socrates ging onverstoorbaar door: 'Daarnaast, áls jij dan vindt dat de verhalen van kinderlozen meer ruimte moeten krijgen, en je houdt tegelijkertijd je mond, maakt je dat een van hen. Dan doe je net zo goed mee aan het in stand houden van die ongeschreven regel.'

Ik knipperde nog even verdwaasd met mijn ogen. Wat nu?

'Gewoon stellen, die vraag.' Socrates knikte richting Speelse Krulletjes en leunde achterover.

Niet gehinderd door enige kennis van de kunst van het vragen stellen, maar mét een dosis goede bedoelingen en ontwikkeldrang, besloot ik, aangemoedigd door Socrates, een poging te wagen. Ik ga hier een revolutie starten en het opnemen voor kinderloze vrouwen in groepsgesprekken, én verdieping aanbrengen in dit gesprek, dacht ik. Ik verzamelde wat moed, haalde adem, keek Speelse Krulletjes recht aan en vroeg, dwars door de stilte van de groep heen: 'Heb je daar zelf voor gekozen?'

De stilte die viel was dik en stug. Ik voelde hoe de rest van de groep zijn adem een beetje leek in te houden. Speelse Krulletjes keek me aan, haar adem stokte, ze klemde haar kaken op elkaar en zei gepikeerd: 'Nee. Daar heb ik niet zelf voor gekozen, nee.'

De rest maakte zich zo goed en zo kwaad als het ging onzichtbaar en dat is niet eenvoudig, aan een klein tafeltje met zes personen, maar ze deden goed hun best.

Ik voelde mijn eigen zenuwen behoorlijk toenemen. Ik siste Socrates toe: 'En bedankt. Lekker advies, vriend.' In mijn hoofd gingen de alarmbellen af. Hoe in hemelsnaam ga ik dit gesprek nog redden, dacht ik.

De lunchpauze was inmiddels voorbij, en als groep liepen we terug naar het leslokaal. Ik zocht haar op en liep een stukje met haar op. Ik stamelde iets in de trant van ik wilde je niet kwetsen, maar in dit soort gesprekken worden mensen die 'ik heb geen kinderen' zeggen, vaak overgeslagen en dat vind ik niet zo terecht en ik ben dan altijd wel nieuwsgierig naar dat verhaal en ik ben benieuwd naar jouw ervaring en dus ik dacht ik stel gewoon een vraag want iedereen is het in dit gesprek waard om gehoord te worden en we zijn hier voor praktische filosofie en beter leren vragen stellen en...

Ik geloof dat ik geen zin duidelijk heb afgemaakt. Mijn relaas bleef lafjes en schaamtevol ergens in de lucht zweven. Ze knikte kort, als teken dat ik wel kon stoppen met praten. Ze voegde er nog aan toe, sissend: 'Ik vind het heel vreemd dat mensen denken dat ze dat zomaar kunnen vragen,' en ze versnelde haar pas richting het lokaal.

Dat moment daar aan die lunchtafel, dat gesprek en die vraag van mij is me zo helder bijgebleven, omdat de gevoelens die het opriep – bij mij en bij de ander – zo sterk waren.

Ik schaamde me, voelde me schuldig, terwijl ik eigenlijk niet wist waarover. Mijn intenties waren puur geweest: ik wilde verdiepen, verbinden. Verhalen uitwisselen. Voorbij het oppervlakkige koetjes-kalfjes, wat-doe-jij-voor-werk en waar-kom-je-vandaan en hoeveel-kinderen-heb-je. Ik wilde ruimte maken voor álle verhalen. Ik wilde een ongeschreven regel, waar ik me over verwonderde, bevragen. Ik wilde als een moderne Socrates op sneakers de wereld veroveren met goede vragen, waardevolle antwoorden en betere gesprekken.

Ik wilde dat ik toen, jaren geleden tijdens die lunchpauze en het heb-jij-kinderenmoment, wist wat ik nu weet. Dat er een manier is om dergelijke vragen te stellen, zonder dat de ander verzuipt in een moeras van emoties. Dat je een context en voorwaarden kunt creëren waarin je samen op zoek gaat naar verdieping. Dat je vragen kunt stellen die leiden tot verbinding, vragen waardoor je kunt delen wat je werkelijk bezighoudt, ook als dat soms een beetje pijn doet. Dat je anders naar vragen kunt kijken, waardoor de ander minder snel op je tenen trapt. Dat goede vragen leiden tot sterke antwoorden, en dat je daar aandacht aan moet besteden. Dat er een manier is om een gelijkwaardig gesprek te voeren, waarbij essentiële ideeën en overtuigingen tegen het licht worden gehouden. Een manier om tot de kern te komen, zin van onzin te onderscheiden, waarbij ieder verantwoordelijkheid neemt voor zijn eigen emoties en gevoeligheden. Een manier om de vraag te laten zijn wat het is: een uitnodiging tot verdieping.

Een uitnodiging die je kunt aannemen, en evengoed kunt weigeren. Zonder pijnlijke stiltes, gekwetste zielen of pogingen tot verstoppertje spelen aan een kleine lunchtafel.

Als ik toen had geweten wat ik nu weet, had ik nog steeds de vraag gesteld. Maar anders. Ik had, net als Socrates deed, om toestemming gevraagd. Ik had gezegd: ik ben nieuwsgierig naar jouw verhaal. Vind je het oké als ik je er een vraag over stel?

Ik wist toen niet wat ik nu weet. Ik roeide met de riemen

die ik had. Dat resulteerde in een pijnlijke ervaring waar ik nog lang en vaak aan heb teruggedacht. En die later, in de jaren die volgden, een enorme bijdrage leverde aan mijn ontwikkeling, scholing en zelfs aan het schrijven van dit boek. Sinds die tijd leerde ik meer over de praktische filosofie, de kunst van het vragen stellen, het voeren van filosofische en socratische gesprekken. Ik volgde opleidingen en cursussen, in Nederland en daarbuiten. Ik richtte een bedrijf op, De Denksmederij, en ging trainingen en workshops geven in socratische gespreksvoering, kritisch denken en de kunst van het vragen stellen. En al die tijd, en nog steeds, leerde ik bij. Ik leerde wat wel werkt en wat niet. Waar een goede vraag aan voldoet. Wat je kunt doen om een gesprek te verdiepen en samen aan het denken, filosoferen te raken. En ik leerde over Socrates. Stiekem inmiddels een beetje mijn held. Op sneakers.

Ik zag en voelde tijdens trainingen, filosofische consulten en presentaties, wat een impact het kan hebben als je gesprekken met een andere intentie voert. Hoe anders gesprekken worden wanneer je je traint in een socratische houding en je je manier van vragen stellen ontwikkelt. Ik zag én voelde hoeveel inhoudelijker en waardevoller gesprekken worden wanneer je je bewust bent van alle menselijke luister- en conversatievalkuilen én hoe je ze kunt vermijden.

En ik heb het plezier ervaren van mensen meenemen in die kennis, inzichten en vaardigheden. Om me heen kijkend realiseerde ik me dat ik een boek wilde schrijven. Voor iedereen die snakt naar betere gesprekken maar niet zo goed weet hoe daartoe te komen.

In dit boek neem ik je mee, met Socrates als raadgever, in

de kunst van het vragen stellen. Zodat jij in iedere situatie, onder alle omstandigheden, weet hoe je een gesprek kunt verdiepen en hoe je goede vragen kunt stellen.

Praktische filosofie: kun je dat eten?

Ik schrijf dit boek vanuit de inslag van de praktische filosofie. Dat is niet vaag en niet voorbehouden aan oude mannen met baarden in ivoren torens. Praktische filosofie koppelt grote concepten zoals rechtvaardigheid, vriendschap, inclusiviteit en moed, aan vragen over het praktische leven van alledag: Mag je liegen tegen vrienden? Moet je een inclusief aannamebeleid voeren? Wanneer kun je beter iets verzwijgen? Het is een filosofische manier van gesprekken voeren, van samen zoeken naar wijsheid, naar nieuwe inzichten en antwoorden op universele levensvragen. Iedereen vraagt zich weleens dingen af als: Wil ik van baan veranderen? Wil ik bij mijn huidige partner blijven of kiezen voor deze nieuwe liefde? Is wat ik denk, voel en doe wel in overeenstemming met elkaar? Mag ik ook aan mezelf denken? Dat zijn stuk voor stuk levensvragen waarvan het antwoord niet te vinden is op Google of Wikipedia en waar je je behoorlijk in vast kunt denken. Alleen door erover te praten en goede vragen te stellen, word je samen wijzer. Dit boek helpt je niet beter te worden in smalltalk. Dit boek helpt je die gesprekken te verdiepen. Een gesprek verdiept zich als je nieuwe mogelijkheden onderzoekt, als het denken wordt 'aangezet' en er ruimte is voor nieuwe ontdekkingen en verrassende inzichten. In dat denken wissel je van perspectief, stap je in het denken van de ander, onderzoek je zonder te willen winnen of overtuigen.

Lammert Kamphuis omschrijft in zijn boek *Filosofie voor een weergaloos leven* precies wat praktisch filosoferen is: 'De Spaanse filosoof José Ortega y Gasset zei ooit dat filosofie de wetenschap is van de oppervlakkigheid: wanneer je filosofeert haal je onbewuste ideeën, vooronderstellingen en aannames naar boven.'

Het is zinvol en verrijkend om je enerzijds bewust te worden van je eigen onbewuste mensbeelden, en anderzijds meer ruimte te maken voor die van anderen. Je traint je, door te filosoferen, als het ware in 'perspectivistische lenigheid'. Perspectivistische lenigheid is het vermogen om buiten je eigen kader, opinies, opvattingen te denken. Het perspectief van de ander te verkennen en onderzoeken, zónder er direct wat van te vinden. Je eigen visie even los te laten, en helder, kalm, blanco, te onderzoeken. Je eigen opvattingen eens kritisch te bevragen en zo ontdekken dat er meer ruimte in je denken is dan je dacht.

Dit boek is daarom voor dappere denkers. Voor mensen die durven twijfelen, die willen onderzoeken in plaats van zeker weten. Die het niet-weten willen omarmen. Voor mensen die de moed hebben om niet meteen te roepen, maar eerst te zwijgen. Om van daaruit een verdiepende, onderzoekende vraag te stellen. Omdat je weet dat je daar een rijker, wijzer mens van wordt. Voor iedereen die geen genoegen neemt met 'dat is nou eenmaal míjn waarheid', maar op zoek wil naar gemeenschappelijke wijsheid. Albert Einstein zei al:

‘Als ik een uur had om een probleem op te lossen en mijn leven zou ervan afhangen, dan zou ik de eerste 55 minuten besteden aan het bepalen van de te stellen vraag.’

Dit boek helpt je vragen te stellen die ertoe doen. Vragen die van belang zijn. Vragen die uitnodigen, verkennen, ontrafelen, onthullen, confronteren, verdiepen, uitdagen, prikkelen, in beweging zetten. Dit boek traint je vermogen tot nadenken, analyseren en kritisch bevragen. Het reikt je praktische handvatten, randvoorwaarden, technieken, theoretische achtergronden, en luisterhoudingen aan en is een kompas dat je wijst naar meer onderzoek en filosofische verdieping in je gesprekken.

Waarom Socrates?

Je krijgt geen simpele checklist met vragen die áltijd werken. Die zijn er namelijk niet: de vraag die in de ene situatie helemaal raak is, slaat in een andere context de plank volledig mis.

Dit boek is een praktische handleiding voor het ontwikkelen van een vragende houding en het stellen van goede vragen. Met de filosoof Socrates – op sneakers, pumps of cowboyboots; de man heeft een brede smaak – als leermeester. Socrates, de Atheense filosoof die circa 2500 jaar geleden leefde. Een van de meest praktische filosofen, die de pleinen en markten afliep om in het hier en nu met mensen over wezenlijke zaken te filosoferen. Hij erkende zijn eigen onwetendheid, en met zijn nieuwsgierige houding wilde hij enkel anderen bevragen op hun kennis en wijsheid. Socrates stelde vragen, veel vragen. Als geen ander verstond hij de kunst van het vragen stellen. Hij deed dat voornamelijk om twee redenen:

1 Hij wilde wijzer worden. Socrates zei 'ik weet dat ik niets weet' en was op zoek naar ware kennis. Hij realiseerde zich dat ware kennis in dialoog met de ander ontstaat en zag de ander vooral als slijpsteen van zijn eigen denken.
2 Hij wilde zijn gesprekspartner van drogredenen, denkfouten, en voor-de-gek-houderij (oftewel bullshit) ontdoen. Hij hielp zijn gesprekspartners ook naar die 'ware kennis': door hen kritisch te bevragen kwamen ze erachter dat wat ze dachten zeker te weten, helemaal geen werkelijke kennis was.

In de huidige tijd, waarin meningen de waarde van feiten krijgen, we 'wel weten hoe het zit' en we een gezonde portie onwetendheid, openheid en nieuwsgierigheid goed kunnen gebruiken, is Socrates en zijn praktische manier van filosoferen, denken en vragen, de perfecte richtingaanwijzer. Van hem leren we hoe we een nieuwsgierige, verwonderde houding kunnen ontwikkelen en hoe we elkaar en onszelf kritisch kunnen bevragen.

Dit boek bestaat uit vijf hoofdstukken: eerst onderzoek ik waarom we zo slecht zijn in het stellen van goede vragen. Wat maakt dat we het soms gewoon niet doen? Hoe komt het dat we vragen stellen moeilijk, spannend of ronduit eng vinden?

In hoofdstuk twee gaan we aan het werk. Je werkt aan de

kern, het vertrekpunt voor het stellen van goede vragen en filosoferen: het ontwikkelen van een vragende houding.

Hoofdstuk drie leert je heel fijne, praktische vraagvaardigheden: basisvoorwaarden voor het stellen van goede, verdiepende vragen die in beweging zetten. Je traint je vermogen om schoon en zuiver te luisteren, je leest waarom taal zo belangrijk is en wat we van Sherlock Holmes kunnen leren als het gaat om scherpe vragen stellen.

In het vierde hoofdstuk vind je technische tips en trucs. Daar leer je technisch goede, volledige en verdiepende vragen te stellen, hoe je 'echovragen' kunt gebruiken en waarom ze zo goed werken, hoe je ná een vraag tot een goed gesprek komt en je ontdekt wat herkenbare vraagvalkuilen zijn.

In hoofdstuk vijf ten slotte kijken we naar wat er gebeurt ná je vraag: je hebt een goede vraag gesteld, en dan? Dan voer je een gesprek. En daar valt ook nog van alles over te zeggen. Hoe houd je je gesprek interessant? Hoe kom je tot wezenlijk praktisch filosofisch onderzoek, waar je beiden wijzer van wordt?

Waarom zou je je willen trainen?

Waarom zou je je willen trainen in het stellen van goede vragen en in een filosofische houding?

We hebben het al druk genoeg, zou je zeggen. Er zijn genoeg redenen voor.

Ten eerste: de wereld heeft het nodig. Deze snelle maatschappij die neigt naar polarisatie is gebaat bij vertraging, oprechte nieuwsgierigheid, een filosofische grondhouding en goede vragen. Het publieke debat, onze off- en onlinediscussies, praatprogramma's, interviews, opiniestukken, zelfs de verhitte gesprekken tijdens het kerstdiner: ze hangen te vaak aan elkaar van aanval en verdediging, moddergooien met meningen en het tegen elkaar aanduwen van overtuigingen. Dat is zelden productief, verbindend of helpend. Uiteindelijk staat iedereen af te koelen in zijn eigen hoek en is eerder nóg dieper in zijn eigen beperkte overtuiging gezakt dan dat er ruimte is ontstaan voor de ervaring van de ander.

We willen graag goede gesprekken voeren over thema's als racisme, discriminatie, gender, bodyshaming, #MeToo, Zwarte Piet, vluchtelingenproblematiek, de klimaatcrisis. Topics waarbij de vlam snel in de pan slaat, de tenen lang zijn en we vooral graag begrepen willen worden in plaats van eerst te begrijpen. De wereld heeft het nodig dat we dat soort gesprekken beter voeren. Met meer aandacht. Waarin we beter luisteren, proberen te begrijpen vóórdat we begrepen worden. Waarin we goede vragen stellen die verdiepen.

We hebben een groot gebrek aan creativiteit, verbeeldingskracht en kritisch denkvermogen.

Het stellen van scherpe vragen helpt ons dat te ontwikkelen en de ingewikkelde gesprekken beter, genuanceerder, rijker en vrijer te voeren. Dit boek is een poging om daar stappen in te kunnen maken.

Burgemeester Femke Halsema beschrijft in een interview met *Vrij Nederland* (25 april 2019): 'Ik verdiep me echt in andermans standpunten. Vorig jaar kwam ik Thierry Baudet tegen, een paar weken nadat we een debat hadden gevoerd in de Amsterdamse Stadsschouwburg. Hij zei, en dat vond ik fideel: "Dat debat ging beter voor jou dan voor mij." "Weet je hoe dat komt," zei ik. "Er is een groot verschil tussen jou en mij. Ik heb veel belangstelling voor jou en je standpunten en ik heb me grondig voorbereid. En jij hebt geen enkele belangstelling voor mij." Hij ziet me als een symbool van iets wat hij haat zonder te weten waar ik nou echt voor sta.'

Deze houding, zoals van Femke Halsema, zien we te weinig. En de houding van Baudet, die ze beschrijft, zien we te veel. We weten te weinig van elkaar, zijn nauwelijks in de opvatting van de ander geïnteresseerd, maar hebben er wel alvast een hekel aan. Zonder goed te weten waarom.

Die houding van nieuwsgierigheid, van vragen willen stellen, van het standpunt van de ander willen verkennen, die begint bij ons. Bij jou en mij. Bij onze gesprekken met vrienden, familie, aan de keukentafel, op het werk, in de kroeg. En van daaruit sijpelt deze nieuwe, socratische stijl van gesprekken voeren, van samen wijzer willen worden, hopelijk door naar debatcentra, talkshows, opiniestukken en de politiek.

Een tweede reden om jezelf te trainen: omdat je gesprekken er enorm van opknappen. Wanneer je met je gezin aan de keukentafel zit, wil je misschien weleens een interessanter gesprek dan 'Hoe was het op school?' of 'Was het druk op je werk?' Gesprekken in kroegen, aan keukentafels, in klaslokalen, in de media en op verjaardagen worden prettiger als je je nieuwsgierige houding ontwikkelt en andere vragen stelt. Wanneer je leert vragen te stellen zoals ik je aanreik in dit boek, zorgt dat ervoor dat je een bijzonder inkijkje krijgt in de belevingswereld van de ander. Je leert elkaar beter kennen, ontdekt nieuwe dingen over elkaar en komt tot spannend, nieuw denken en verrassende inzichten. Dat met elkaar delen maakt je meer mens.

Ten derde: het is leuk! Denken en vragen, het beoefenen van praktische filosofie, is leuk. Een van mijn cursisten gebruikte het woord 'verslavend'. Voelen dat je steeds helderder denkt, steeds beter tot de kern kunt doordringen, zin van onzin kunt onderscheiden, nieuwe inzichten opdoet, nieuwe ideeën ontwikkelt, samen kunt puzzelen en onderzoeken: dat is verrijkend, interessant, en buitengewoon leuk om te doen. Je creëert denkruimte: je wordt er leniger, luchtiger en flexibeler van in je bovenkamer. De denkwereld van een ander ontdekken en verkennen, een ander meenemen op een gezamenlijke zoektocht naar wijsheid, is een oneindig leuk spel. Je zou kunnen zeggen dat de activiteit van het 'praktisch filosoferen', het oneindig bevragen van situaties, beweringen, uitspraken, een waardevolle activiteit in zichzelf is. Zoals pianospelen dat ook is. Waarom speel je piano? Omdat het fijn is om te doen. Waarom doe je aan praktische filosofie? Omdat het fijn is om te doen. Zoals je ook steeds beter wordt naarmate je meer sudoku's maakt, en het maken van sudoku's op zichzelf al een fijne bezigheid is, is vragenderwijs onderzoeken dat ook.

En tot slot de vierde reden: je leert jezelf beter kennen door dóór te vragen en gesprekken te voeren gericht op een gezamenlijke zoektocht naar wijsheid. Je eeuwig en altijd blijven verwonderen en alles kritisch bevragen, levert je geen kanten-klare antwoorden op, maar wel een taal die bij jóú past. Met nuances die steeds iets van kleur veranderen en meebewegen met wie jij op dat moment bent. Ik geloof dat door goede vragen een werkelijke, oprechte verbinding ontstaat. Verbinding die recht doet aan onze verschillen en overeenkomsten, aan wie we in essentie zijn. Brené Brown, onderzoeker naar schaamte, moed, kwetsbaarheid, liefde, kortom, alles wat ons mens maakt, zei het al: *we are hardwired for connection*. We willen boven alles verbinding voelen, als mens. Als deze wereld ergens behoefte aan heeft, dan is het dat wel.

1

Waarom zijn we zo slecht in het stellen van goede vragen?

Dat is toch zeker een beschamend soort domheid, te denken dat je iets weet wat je niet weet?

– Socrates

Hoe zit dat precies? Zijn we echt zo slecht in het stellen van goede vragen? Zo ja, hoe komt dat?

En is er hoop? In dit deel: wat is een vraag eigenlijk? Waarom stellen we geen vragen? En als we een vraag stellen, waarom zijn het dan vaak niet zulke goede vragen?

'Ik stel de hele dag door vragen. Geen cursus voor nodig, hoor.'

Wanneer ik op feestjes of netwerkborrels antwoord op de vraag 'wat doe jij eigenlijk voor werk?', steek ik altijd enthousiast van wal: 'Ik help mensen betere vragen te stellen. Op een filosofische manier. Ik geef workshops, cursussen, individuele denktraining en...' Soms word ik rond dit moment onderbroken door mijn gesprekspartner: 'Vragen stellen? Het is toch niet moeilijk om vragen te stellen? Daar is toch geen kunst aan? Ik stel de hele dag door vragen. Geen cursus voor nodig, hoor.' Ik kan zo iemand dan bijdehand wijzen op de ironie van zijn eigen uitspraak: voor iemand die beweert de hele dag door vragen te stellen, zijn deze vragen behoorlijk gestuurd, retorisch en allesbehalve open en nieuwsgierig. En derhalve waarschijnlijk niet eens echt een vraag. Ik zie dat soort momenten maar als een mooie reminder: er is nog genoeg werk aan de winkel als het gaat over werkelijk goede vragen stellen.

We stellen inderdaad de hele dag door vragen. Of eigenlijk: we dénken dat we de hele dag door vragen stellen, maar eigenlijk spreken we een zin uit met een vraagteken erachter. En dat is inderdaad geen kunst. Ook al dénk je dat je de hele dag door vragen stelt en er dús wel goed in moet zijn: dat valt zeer waarschijnlijk dik tegen. We schijnen ook heel slecht te zijn in ademhalen: dat doen we te snel en te oppervlakkig. Precies datzelfde overkomt ons in het stellen van vragen. Geheel onbewust. Vragen stellen is iets wat we als maatschappij helemaal niet zo goed beheersen. We stellen te veel vragen ineens, onvolledige vragen, suggestieve vragen, retorische vragen, verkeerd getimede vragen, nepvragen: Vind jij Piet ook zo kortaf de laatste tijd? Het spreekt toch voor zich dat ik dat zo doe? Waarom heb jij alweer niet gestofzuigd? Jij ziet dat toch ook zo? Je snapt toch wel waarom X het geval is? Denk je dat dat is omdat Anna bang is, of zou ze eerder boos zijn of is het misschien omdat ze...?

We schieten in een reparatiereflex wanneer de ander ons een probleem of dilemma voorlegt: Heb je al geprobeerd met haar te praten? Therapie X heeft míj heel erg geholpen, is vast ook iets voor jou! We overladen de ander met advies: Weet je wat jij zou moeten doen? Je moet gewoon even die-en-die bellen. Of leggen onze eigen ervaring over het verhaal van de ander heen: Dat had ik ook! Bij mij was het namelijk zo...'

We willen de ander liever overtuigen van óns gelijk dan dat we het standpunt van de ander verder onderzoeken. We horen het verhaal van de ander en leggen direct een relatie met ons eigen leven, in plaats van bij het verhaal van de ander te blijven. We zijn al bezig met denken aan wat we zo meteen willen zeggen: ik zie dat zó anders! in plaats van werkelijk de tijd te nemen om goed te luisteren.

Het goede nieuws is: het stellen van goede vragen is te leren. Hoewel de mogelijkheid is aangeboren om vragen te stellen, moet je de vaardigheid wel ontwikkelen. Het is in die zin net zoiets als hoogspringen: in theorie kan ik dat, net zoals vrijwel ieder mens in theorie kan hoogspringen. Maar ik was er veel beter in geweest als ik mijn vermogen ook daadwerkelijk had getraind.

Een vraag is als gereedschap. Het is een middel om in de denkwereld van de ander te komen. Je kunt de vraag inzetten als bescheiden nijptang, een brutale drilboor, subtiel schuurpapier of als lompe koevoet. Zoals bij ieder gereedschap, hangt het resultaat af van hoe je het gebruikt. Met een beitel kan ik een kunstwerk uit een stuk steen houwen, maar met te veel kracht of een beetje lompigheid hak ik per ongeluk een kop van een romp. Met schuurpapier kan ik een oppervlak bijschuren, maar gebruik ik het te zacht, verandert er niets. Zo werkt het ook met vragen: een vraag als gereedschap werkt zo goed als je het gereedschap inzet en gebruikt.

Een vraag die ontstaat uit oprechte nieuwsgierigheid is een beweging naar de ander. Een uitnodiging. Met het stellen van zo'n vraag zeg je eigenlijk: ik wil dichter bij je komen. Dat dat risico's met zich meebrengt en spannend is – want de ander zou zomaar eens kunnen antwoorden: sodemieter op met je dichterbij komen – spreekt voor zich, en is daarmee meteen een reden van onze aarzeling goede vragen te stellen.

Wat is een vraag precies?

Het is goed om even stil te staan bij wat een vraag precies is, en vooral ook wat het niet is. We kunnen er natuurlijk van uitgaan dat we wel weten wat we met 'een vraag' bedoelen, maar als je goed kijkt, zijn veel van de vragen die we stellen niet werkelijk een vraag. Dat zijn bijvoorbeeld verkapte meningen, aannames of hypotheses: Denk je ook niet dat Alain gelijk heeft? Zou het zo kunnen zijn dat je bedoelt dat...? Ben heeft wel een punt, vind je niet? Dat zijn hypotheses of aannames die alleen nog even getoetst worden, of een mening verpakt in een vraag. Als je ze zo geschreven ziet staan spreekt dat misschien voor zich. Wellicht denk je nu: ja duh, natuurlijk zijn dat geen echte vragen, dat ziet toch iedereen! Maar let maar eens op hoeveel van dít soort vragen je om je heen hoort, vergeleken met vragen die ook echt een vraag zijn.

De Dikke Van Dale heeft als definitie voor 'vraag': *taalhandeling waarop een verbale reactie verwacht wordt, ter informatie, be-*

vestiging of ontkenning of een reactie in de vorm van een bep. gedraging.

Op zich is dat een prima definitie van wat een vraag precies is. Het is niet onwaar, maar het zegt nog niets over de manier waaróp je die taalhandeling uitvoert, je intentie of het (beoogde) effect op de ander. In de wijze waarop we in dit boek, praktisch filosofisch, omgaan met wat een vraag is, kom ik tot de volgende definitie:

Een vraag is een uitnodiging. Een uitnodiging tot nadenken, uitleggen, aanscherpen, verdiepen, informatie verschaffen, onderzoeken, verbinden.
Een goede vraag is helder geformuleerd en wordt geboren uit een open, nieuwsgierige houding.
Een goede vraag blijft bij (het verhaal van) de ander.
Een goede vraag zet het denken in beweging.
Een goede vraag leidt tot verheldering, nieuwe inzichten of een nieuw perspectief voor de beantwoorder van die vraag.

Met deze definitie sluiten we ook een aantal dingen uit. Een vraag is niet: advies geven, hypotheses checken, invullen, een mening delen, een suggestie doen of een manier om een ander klem te zetten.

Dit lijkt misschien vanzelfsprekend, maar veel van onze vragen vallen in de laatste beschrijving, en niet in de eerste. Maar al te vaak, zonder dat we het doorhebben of het per se zo bedoelen, gaat een vraag eigenlijk over onszelf. Over onze angsten, gevoelens, ideeën, allergieën, behoeftes. Die projecteren we – onbewust – op het verhaal van de ander.

Dan stellen we een vraag om onszelf gerust te stellen en niet om uit te diepen of te bevragen wat de ander zegt.

Zoals de vriendin die na jouw verhaal over de ruzie met je partner reageert met: 'Je denkt er nu zeker over om bij hem weg te gaan?' Of de collega die, na jouw 'ik was op vakantie in Toscane' vraagt: 'Kon jij op een gegeven moment ook geen pasta en pizza meer zien?'

Of de vriend die op jouw zorgen om je zieke moeder, reageert met: 'Ga je nu ook overwegen mantelzorger te worden? Dat is zwaar hoor, heb ik ook een tijd gedaan.'

Slechte vragen bestaan niet

Er bestaan geen slechte vragen, wordt vaak gezegd. Met die uitspraak is op zich niks mis. Meestal is het bedoeld als uitnodiging om vooral veel te vragen, je vragen niet achter te houden en dat lijkt me een goede zaak. Als vragen ergens niet voor bedoeld zijn, dan is dat het inslikken ervan. Er zijn wel heel veel goedbedoelde vragen die ontzettend belabberd gesteld worden. Er is meestal niks mis met de intentie van de vraag, of de zoektocht van de vragensteller, en toch kan de vraag zelf de plank behoorlijk misslaan. Oscar Wilde zei: '*There is no such thing as a moral or an immoral book. Books are well written or badly written.*' Zo is het ook met vragen. Vragen zijn niet inherent goed of slecht. Vragen zijn goed of slecht gemaakt, en goed of slecht gebruikt.

In dit boek bedoel ik met 'goede' vragen steeds díé vragen die oprecht een vraag zijn én de ander aanzetten tot denken. Je stelt vragen zonder te beïnvloeden of te sturen, en je houdt je eigen denken en helpen terug. Een goede vraag is een vraag die werkt, in de context waarin-ie gesteld wordt, met de intentie die past en die de formulering van een vraag heeft. Daar een lijstje met concrete voorbeeldvragen van maken, zou de plank misslaan: de vraag die in de ene context heel goed werkt, werkt in een andere context helemaal niet. Wat in de ene situatie gepast is, is dat niet altijd in de andere. De intentie die in het ene gesprek doorklinkt en niet in het andere, bepaalt ook of een vraag werkt. Keer op keer kom ik dan weer terug bij de definitie van de vraag: *Een vraag is een uitnodiging. Een uitnodiging tot nadenken, uitleggen, aanscherpen, verdiepen, informatie verschaffen, onderzoeken, verbinden. Een goede vraag is helder geformuleerd en wordt geboren uit een open, nieuwsgierige houding. Een goede vraag blijft bij (het verhaal van) de ander. Een goede vraag zet het denken in beweging. Een goede vraag leidt tot verheldering, nieuwe inzichten of een nieuw perspectief voor de beantwoorder van die vraag.*

Wanneer voer je een verdiepend gesprek?

In dit boek ga ik het met je hebben over verdiepende gesprekken: gesprekken met diepgang, gesprekken die ergens over gaan. Het is fijn om even stil te staan bij de definitie van een goed, verdiepend gesprek. Een goed gesprek is niet: meningen naast elkaar leggen, anekdotes uitwisselen, door elkaar heen wauwelen, koetjes en kalfjes ruilen, twee monologen over elkaar heen leggen, ongelijkwaardig, saai.

Een verdiepend gesprek is wel: een onderzoeksgesprek naar een ervaring van een van de gesprekspartners, het nader onderzoeken van ideeën en concepten, vragen en mensbeelden, gelijkwaardig, een zoektocht naar wijsheid, prikkelend.

Je snapt dat de gesprekken met mijn oma over mijn gekneusde enkel – 'ach kind, wat naar. De nicht van Gré, die had dat vorig jaar: drie weken helemaal uit de running. Mocht geen autorijden, niet lopen, niks. Heel vervelend, ja-ja, heel vervelend' – niet in de categorie verdiepend gesprek vallen.

Waarom zijn we zo slecht in het stellen van goede vragen?

Om beter te worden in het stellen van goede vragen is het belangrijk dat je begrijpt waarom we er vaak níét goed in zijn. Wanneer ik beter wil leren debatteren, moet ik natuurlijk veel oefenen. Maar door oefenen alleen kom ik er niet. Ik moet ook de valkuilen leren herkennen, theorie en kennis opdoen over hoe je een debat voert en hoe je argumenteert. Wil ik beter leren koken, moet ik, naast veel oefenen, kennis en theorie opdoen over smaken, geuren, ingrediënten. Ik kan me verdiepen in het waarom van bepaalde producten, gereedschappen, technieken. Wie ooit eens een chocoladesoufflé heeft zien mislukken, snapt waarom je je soms beter eerst bezig kunt houden met valkuilen en mogelijke faaloorzaken.

Voordat we gaan oefenen in hoe-leer-ik-goede-vragen-stellen, staan we stil bij het waaróm van ons falen erin. Je zult merken dat veel van de redenen waarom we er vaak niet in slagen goede vragen te stellen, ook op jou van toepassing zijn. Die wetenschap alleen al maakt je bewuster van je eigen vraagkunde en helpt je valkuilen te vermijden. Daarnaast ga je de gesprekken om je heen en in de media beter bekijken en ook daar leer je van: hoe het wél en hoe het níét moet.

Voor het schrijven van dit boek heb ik oproepjes gedaan, mensen geïnterviewd en hun onder andere gevraagd: Wat maakt dat je soms geen vraag stelt? Waarom denk jij dat mensen hun vragen terughouden? Uit deze interviews en oproepjes kon ik, naast research en mijn eigen ervaring, ontdekkingen en conclusies, zes redenen halen waarom we soms niet in staat zijn goede vragen te stellen.

1. BIOLOGIE: over jezelf praten is véél lekkerder dan vragen stellen
2. VRAAGVREES: vragen is soms hartstikke eng
3. SCOREN: je scoort beter met een mening dan met een vraag
4. OBJECTIVITEIT: we zijn verleerd objectief te redeneren
5. TIJD: we denken dat het tijd kost om goede vragen te stellen
6. COMPETENTIE: we krijgen het niet geleerd

REDEN 1
Biologie: eigenlijk zijn we gewoon te egoïstisch om goede vragen te stellen

Niet zulk leuk nieuws, maar wel waar: we zijn vaak te *selfcentered* om goede vragen te stellen.

Een goede vraag stellen betekent in de denk- en belevingswereld van de ánder willen kruipen. En die vinden we vaak gewoon niet zo interessant als onze eigen belevingswereld. We maken ons druk over ónze mening, ónze opvatting, ónze identiteit, óns verhaal. Er zijn verschillende gespreksgewoontes waaruit blijkt dat we self-centered zijn in gesprekken en daardoor geen vragen stellen:

Onderbreken, ratelen en je eigen standpunt herhalen

Sommige mensen zijn er kampioen in: dwars door je verhaal heen ratelen. 'Hoe was jullie vakantie op Terschelling? Nog leuke dingen gedaan?'

'Ja, we zijn op Oerol geweest, en we hebben een fatbiketocht gemaakt langs het strand, en...'

'Nou, Jaap en ik zijn ooit een keer op Oerol geweest, jaren geleden, ik denk echt in de begintijd nog. Was heel mooi. Maar koud 's avonds! Koud! We hadden onze dikke jassen thuis laten liggen want ja, wij dachten natuurlijk het is juni, wat kan ons nou gebeuren. Nou, daar vergis je je mooi in hoor, kan heel verraderlijk zijn daar op die eilanden.'

Je weet natuurlijk wel dat dat fantastische gesprekskillers zijn. Ik moet de eerste nog tegenkomen die zegt: ik vind het zó fijn om onderbroken te worden als ik iets vertel. En als de ander gaat ratelen en zijn eigen standpunt maar blijft herhalen: fantastisch! Nou, dan ben ik je fan, hoor!

We herkennen dit gedrag wel als irritant, maar we staan zelden stil bij waar het vandaan komt.

Dit is een symptoom van niet luisteren. Ga maar na: als je een ander onderbreekt, wil je zelf graag het woord en ben je niet bezig met het begrijpen van de ander. Ga je ratelen, dan voer je de boventoon in het gesprek en laat je de ander geen ruimte om zich te mengen in de dialoog.

Herhaal je je eigen standpunt keer op keer, ben je eigenlijk niet geïnteresseerd in het standpunt van de ander.

Denken aan wat je wilt gaan zeggen terwijl de ander spreekt

Soms ben je in je hoofd al bezig met wat jij gaat zeggen wanneer de ander is uitgesproken: ik wil zo terugkomen op dat ene standpunt van het begin want daar ben ik het niet mee eens en daar heb ik heus wel wat goede argumenten voor en dat zijn namelijk die en die argumenten en die moet ik wel onthouden want anders ben ik zo weer vergeten wat ik wil zeggen want die ander moet wel begrijpen hoe het voor míj is potverdorie.

Ook dit is een signaal dat je slecht luistert. Je bent bezig met jezelf, en niet met de ander.

Meestal hoor je de eerste twee zinnen van de ander, waarna je hoofd op hol slaat en je hersenen op zoek gaan naar jouw mening, associaties en ideeën.

ANNA: 'Ik heb ontslag genomen. Ik vond het zó spannend en ook wel een beetje dapper van mezelf. Ik verzamelde al mijn moed om het tegen mijn leidinggevende te zeggen en heb het uiteindelijk na een paar dagen gedaan.'

WOUTER: 'Heb je al iets nieuws dan?'

ANNA: 'Nee, nog niet. Maar...'

WOUTER: 'Ik vind dat niet zo slim. Je moet niet je oude schoenen weggooien voor je nieuwe hebt gekocht. Dat lijkt me gewoon niet zo verstandig, zeker in deze tijd niet. Dat is toch veel te onzeker.'

ANNA: 'Dat valt wel mee. Ik heb de dingen best wel uitgezocht voor ik deze beslissing nam. En ik heb over wat dingen nagedacht die wel goed waren om eens te overwegen.'

Van een echte dialoog is geen sprake: uiteindelijk liggen er vaak twee monologen naast elkaar. (En ja, twee monologen is fundamenteel iets anders dan een dialoog ;-))

De help- en adviesreflex

Veel mensen reageren op het probleem van een gesprekspartner als een stier op een rode lap: ze duiken er meteen bovenop. Niet met verdiepende vragen, maar met raad, hulp en advies.

Weet je wat jij zou moeten doen? Je moet gewoon even die en die bellen. Heb je al geprobeerd om...

De intentie is op zich niet verkeerd, maar het getuigt wel van egocentrisme: je gesprekspartner is vooral bezig met 'oplossen' en 'fixen' en niet met luisteren, het probleem te doorgronden en doorvragen naar de visie, motieven en beleving van zijn gesprekspartner. Het advies in kwestie zegt eigenlijk alles over degene die het geeft, en doorgaans weinig over (de situatie van) de verteller of vrager.

Dat heb ik ook! (Maar dan erger)

Sommige mensen zijn er een kei in: het spelletje 'gesprekskapertje'. Jij vertelt enthousiast dat je net terug bent van vakantie op de Malediven. Je haalt adem om te vertellen wat je zoal gedaan en gezien hebt als je gesprekspartner het gesprek enthousiast kaapt: 'Oh, de Malediven, daar ben ik geweest op huwelijksreis! Zo mooi! Wij hebben toen een rondreis gemaakt langs verschillende eilanden en...'

Er is geen grotere ergernis in een gesprek dan een gesprekspartner die jouw verhaal kaapt, er het zijne naast legt en daarover doorbabbelt. Soms word je zelfs overtoept door je gesprekspartner: 'De Malediven, da's nog niks: wij maakten een halve wereldreis toen we gingen trouwen. We hebben Chili tot Costa Rica en Cuba, van alles gezien, echt supergaaf!'

De intentie is ook hier vaak helemaal niet zo slecht: je vervalt in de 'ik-reflex' omdat je de ander wilt laten weten dat jij óók heel enthousiast bent, dat jij óók iets dergelijks hebt meegemaakt.

Je wilt juist graag een verbondje sluiten, een band met de ander. Wat je bereikt is echter juist het tegenovergestelde: teleurstelling, irritatie en de ander haakt af. De bottomline van deze gespreksmissers is: je bent meer met jezelf bezig dan met je gesprekspartner. Je wilt de ander overtuigen, meekrijgen, beïnvloeden en daar trek je van alles voor uit de kast. Ironisch genoeg bereik je eerder het tegenovergestelde: je gesprekspartner haakt hoogstwaarschijnlijk af, voelt zich niet gezien en gehoord en als het even tegenzit denkt-ie wel twee keer na voordat-ie weer een gesprek met je aanknoopt.

We vragen dus heel vaak niet of slecht omdat we vervallen in de advies-, help-, of ik-reflex. Zodra iemand een verhaal vertelt, een persoonlijk probleem uitlegt, of een vraag stelt, willen we dat maar al te graag oplossen. Je geeft advies, biedt je hulp aan, of je vertelt over je eigen ervaringen met het thema. Huub Buijssen heeft er een boek over geschreven: *Mag ik je geen advies geven?* In een interview met *de Volkskrant* (13 juli 2018) zegt hij over dit onderwerp: 'We kunnen vaak niet wachten om iemand advies te geven. Kennelijk denken we: de ander vraagt erom, die legt zijn probleem bij me neer dus er moet een oplossing komen. En hulp bieden voelt goed, het vergroot ons geluksgevoel en ons gevoel van eigenwaarde. Maar hoe verleidelijk het ook is om met een oplossing te komen voor andermans problemen, je moet ervan weg blijven.'

De neiging of reflex tot het geven van advies, aanbieden van hulp of delen van onze eigen ervaring voelt misschien goed, maar is nu precies een factor die je belemmert in het stellen van goede vragen. Uiteindelijk is de ander meer geholpen door het antwoord in zichzelf te vinden. Een antwoord dat recht doet aan zijn of haar kernwaarden en levensvisie. Dat scherp te krijgen in je eentje is hartstikke moeilijk. Daar heb je een ander voor nodig. En dan niet een ander die je voorziet van goedbedoeld advies, maar iemand die je de juiste, scherpe vragen stelt.

REFLECTIE

Nu je deze gespreksmissers hebt gelezen:

- Welke herken je bij jezelf? Heb jij de neiging advies te geven? Over jezelf te vertellen?
- Probeer de volgende keer eens scherp op te letten: Welk effect heeft helpen, adviseren, het gesprek overnemen, op je gesprekken en je gesprekspartner? Haken ze aan of af?
- Wat voel jij wanneer iemand je te snel, ongevraagd, advies geeft?
- Hoe reageer je als een ander zijn ervaringen naast de jouwe legt?

Soms is er niks aan de hand en heeft het niet of nauwelijks invloed op je gesprek. Maar heel vaak, heel subtiel, toch wel.

Je daarvan bewust worden helpt je zorgvuldiger om te gaan met advies, je eigen verhaal of vragen stellen.

Vragen stellen is niet lekker – over jezelf praten wél

Het is niet voor niets dat we zo snel geneigd zijn onze eigen 'ik' in het gesprek te gooien en veel met onszelf bezig te zijn, zelfs als de ander aan het woord is. Sterker nog, er is een heel logische, biologische verklaring voor! Het 'voelt' namelijk goed. Letterlijk. Het schijnt dat we in onze gesprekken gemiddeld zestig procent van de tijd over onszelf spreken. (*Scientific American*, 16 juli 2013)

Als we kijken naar onlineconversaties (via Twitter of Facebook bijvoorbeeld) is dat zelfs tachtig procent. We etaleren blijkbaar graag wat ons dwars zit, gelukkig maakt of zorgen baart. We meten onze succeservaringen breed uit, klagen erop los. Met als grote protagonist: onze eigen ik, *moi*, *me*, *myself and I*.

Dat heeft een biologische verklaring: onderzoek wijst uit dat er tijdens het praten over jezelf – wat je bezighoudt, het delen van (persoonlijke) informatie – dopamine wordt aangemaakt in je hersenen. En dopamine zorgt voor een roesgevoel.

Wetenschappers van Harvard University deden onderzoek naar dit fenomeen: in een experiment dat werd uitgevoerd met behulp van een fMRI-scanner, vroegen ze 195 proefpersonen om zowel hun eigen opinies en karaktertrekken te bespreken als die van anderen. Daarna keken ze naar de verschillen in neurologische activiteit tussen wat de deelnemers vertelden over zichzelf (*self-focused*) en over anderen (*other-focused*).

Drie neurale gebieden vielen op. Zoals verwacht, en in lijn met eerder onderzoek, leidde zelfonthulling, praten over jezelf, tot hogere levels van activatie in het gebied van de mediale prefrontale cortex, dat over het algemeen geassocieerd wordt met 'denken over onszelf'.

Die uitkomst was dus wel te verwachten.

De twee overgebleven neurale gebieden die dankzij dit experiment óók oplichtten, werden tot nu toe nooit geassocieerd met denken over jezelf: de *nucleus accumbens* en het ventrale tegmentale gebied. Beide maken deel uit van het mesolimbische dopaminesysteem, wat geassocieerd wordt met 'beloning' en gekoppeld aan prettige gevoelens met stimuli als seks, cocaïne en goed eten.

Het feit dat deze systemen in de hersenen worden geactiveerd wanneer je over jezelf praat, suggereert dat zelfonthulling, je eigen verhaal delen, praten over jezelf, net zo intrinsiek plezierig is als seks, coke en goed eten. Het verklaart waarom mensen van nature gemotiveerd zijn om meer over zichzelf te praten dan over andere onderwerpen. Hoe interessant die andere onderwerpen ook mogen zijn: over jezelf praten is – van nature – simpelweg veel lekkerder. En levert je andere, acutere voordelen (dopamine, een lekker gevoel, beloning) op dan het stellen van vragen. (Diana Tamir, 2012)

Socrates zou zeggen dat ons eigen verhaal helemaal niet zo interessant is: in het denken van de ander, in het onderzoeken van overtuigingen en gebeurtenissen, dáár zijn de spannende, verrijkende gesprekken te vinden. Wil je samen wijzer worden, dan is het denken van de ander de plek waar voor jóú nieuwe inzichten te vinden zijn.

Plato, leerling van Socrates, maakte een onderscheid tussen 'meningen' en 'ideeën'. Meningen zijn 'van iemand', die eigenen we ons toe. Worden we daarop bevraagd, dan staan indirect wijzélf ter discussie. Ideeën aan de andere kant, behoren niemand toe. Een idee is precies wat het is: een idee. Daar kun je het over hebben, je kunt het idee bevragen, uitdagen, ertegenaan schoppen. Wanneer je ideeën uitwisselt, ga je op een gelijkwaardige manier in gesprek. Je wisselt inzichten uit, stelt vragen en wordt samen wijzer.

REDEN 2
Vraagvrees: vragen is eng

Toen ik mensen interviewde over het stellen van vragen, vroeg ik ze vaak: 'Wat maakt dat je soms een vraag niet stelt?' Daar kwamen vele, herkenbare verhalen uit los.

We zijn – als het om vragen stellen gaat – bang voor drie dingen:

1 Voor ongemak bij de ander
2 Voor onze eigen pijn en ons eigen ongemak
3 Voor conflict, ruzie en algehele ongezelligheid

Ik luisterde eens naar een podcast van interviewer Anne Neijnens. Zij stelde Jan Geurtz de vraag hoeveel relaties hij op dit moment heeft. Op zich geen vreemde vraag: ze wist van Geurtz dat hij een ruime kijk had op monogamie en soms meerdere relaties naast elkaar had. Geurtz weigerde daarop te antwoorden, want 'die vraag vond hij veel te persoonlijk'. Vervolgens schaamde Anne zich enorm over het stellen van deze vraag, terwijl ze tegelijkertijd dacht dat haar luisteraars juist naar dit onderwerp heel nieuwsgierig waren: het hele interview ging over relaties, liefde, conflicten, monogamie en alles wat ermee samenhangt.

Sigrid van Iersel, verhalenmaker en interviewer, herkent die angst om bepaalde vragen te stellen:

> Het moeilijkste van vragen stellen is dat je al vooruitdenkt over de mogelijke reactie van de ander. Dat jouw vraag de ander in verlegenheid kan brengen. Of dat je de ander confronteert met iets waar hij zich voor schaamt. Of met iets dat zeer persoonlijk is. Ik heb de meeste last van gêne bij persoonlijke vragen die een vorm van kwetsbaarheid raken. Vraag je een man met een zichtbare handicap wat hij allemaal niet meer kan, of wat hij het meest mist? Durf ik aan een vrouw die nauwelijks kan lezen en schrijven te vragen of ze de uitgeschreven tekst van ons gesprek na afloop wil lezen? Ze is immers laaggeletterd? Uiteindelijk heb ik dat wel gedaan, maar het voelde ongemakkelijk. Dat ongemak zat meer bij mij dan bij die vrouw. Die was de schaamte over haar taalhandicap al wel voorbij. Vragen naar kwetsbaarheden blijft een lastig punt. We vullen voor de ander al in dat hij zich schaamt, het onderwerp ongemakkelijk vindt of misschien confronterend. Het raakt onze eigen kwetsbaarheid. Ik verwijt mezelf dan dat ik het niet goed heb aangevoeld. En daarom vraag ik het uiteindelijk maar gewoon niet. Terwijl ik het idee heb dat dit een gemiste kans is.

Sigrid slaat hier de spijker op z'n kop: we zijn bang om wezenlijke, spannende vragen te stellen die mogelijk leiden tot ongemak, maar ook kunnen leiden tot verbinding, omdat dat allemaal gepaard gaat met kwetsbaarheid. We gaan er te snel van uit dat een ander niet op een bepaalde vraag zit te wachten.

Ook je eigen ongemak – of angst ervoor – kan ervoor zorgen dat je bepaalde vragen inslikt. In de grotere gebeurtenissen van het leven, rond geboorte, sterven en ziekte, zijn er soms dingen die je zelf te pijnlijk vindt om aan te raken. Dat kan ervoor zorgen dat je ook geen vragen aan een ander stelt. Er zijn mensen die onderwerpen als kanker, dood, ziekte vermijden omdat ze wellicht zelf net iemand hebben verloren of een diagnose hebben gekregen. Helemaal niet vreemd en begrijpelijk dat je er dan niet naar durft te vragen: je bent bang voor je eigen pijn, ongemak, en wellicht tranen.

Een jaar of acht geleden, voordat mijn filosofeer- en vraagzoektocht begon, leerde ik zelf een belangrijke les: ik stelde een vraag niet uit angst. Ik werkte als paardentrainer en -instructeur. Ik gaf Caroline les, een heel leuke meid met wie het goed klikte. Ze had een prachtige merrie, onbeleerd, waar we samen mee aan de slag gingen. We zagen elkaar bijna wekelijks voor een les. Op een gegeven moment hoorde ik een hele poos niks van haar. Er ging een hele zomer voorbij voor ze me een berichtje stuurde en vertelde dat in de tussentijd haar vader plotseling was overleden. Natuurlijk heb ik haar gecondoleerd en sterkte gewenst. Toen we elkaar een paar weken later weer zagen voor een les, durfde ik niets over haar vader te vragen.

Ik vond het zelf te spannend, te ongemakkelijk en ging ervan uit dat zij gewoon lekker met haar paard aan de slag wilde en het niet over haar vader zou willen hebben. Later vertelde ze me dat ze het heel jammer had gevonden dat ik niets over haar vader had gevraagd, want juist omdat we een fijne klik hadden, had ze daar wel behoefte aan. Ik leerde een heel belangrijke les: ik wil mijn eigen ongemak en pijn geen leidraad laten zijn in het wel of niet stellen van een belangrijke vraag.

We houden het liever gezellig

Het met elkaar eens zijn is veiliger dan het met elkaar oneens zijn. Meningsverschillen zijn eng. Ze gaan gepaard met angst voor afwijzing, uitsluiting. Het laatste wat je wilt is worden uitgestoten door de groep, om welke reden dan ook. Een afwijkende mening is zo'n reden om je buitengesloten te voelen. Misschien doe je daarom weleens concessies aan je eigen opvattingen. Voor je het weet zég je dat je het ergens mee eens bent en zit je achteraf thuis op de bank van jezelf te balen omdat je eigenlijk wat anders had willen zeggen.

Desiré, een van de deelnemers aan een training Kritisch denken, verwoordde het heel mooi: 'Als mij om een mening gevraagd wordt, dan wacht ik meestal gewoon even af. Ik kijk dan wat anderen vinden en luister heel goed. Pas als ik weet wat anderen denken en vinden, durf ik mijn eigen mening te vormen.'

Een vraag naar iemands opvatting over de Zwarte Pietendiscussie, politiek, religie, #MeToo of de klimaatcrisis is risicovol. De sfeer blijft het gezelligst als we het met elkaar eens zijn. Een verhit debat op een verjaardag gaan we liever uit de weg. Om een gevoel van versterking, harmonie te bewaren, stellen we onbewust slechte vragen. Onze behoefte aan harmonie, bevestiging van onze eigen normen en waarden en opvattingen, zorgen ervoor dat we in de vraag zelf al proberen te sturen en controleren. Zo zorgen we ervoor dat het tenminste nog een beetje gezellig blijft. Als in een groep de mening vóór Zwarte Piet ruim vertegenwoordigd is, dan is een 'vraag' als: 'Maar denk je ook niet dat het niet de bedoeling is dat we altijd maar concessies doen aan onze tradities?' gauw gesteld.

Vragen stellen, goede, oprechte, nieuwsgierige vragen stellen, is wat dat betreft een sprong in het diepe, een *leap of faith*: je formuleert een vraag, een échte vraag. Je laat 'm los en je wacht af. Je vult niet in, je hoopt niet op een bepaald antwoord, je geeft geen verstopt advies, je legt niet je eigen verhaal ernaast, je keurt het antwoord van de ander goed noch af. Het risico bestaat dat de ander het niet met je eens is en dat het daarna bar ongezellig wordt. Een vraag kan iemand uit evenwicht brengen en wat spanning in een gesprek brengen. Je schaamt je voor een 'onbeleefde' vraag of voelt je schuldig voor het ongemak van de ander. Maar schuld of schaamte hoeft er niet te zijn, als we anders met die vragen omgaan. We maken het onszelf als maatschappij namelijk – onbewust – heel moeilijk: we geven vaak de vraag en de vragensteller de schuld van ons ongemak. We zeggen tegen kinderen 'dat mag je niet vragen!'. We bestempelen een vraag als 'onbehoorlijk', 'onbeleefd' of 'veel te persoonlijk'. Of we antwoorden kortaf en vermelden in een bijzin dat 'dit soort vragen toch wel wat ongepast zijn'. Stel je dan toch die spannende, maar oprechte vraag, dan loop je het risico dat jij als vragensteller daarop wordt afgerekend. De schaamte die dat oproept willen we niet nogmaals ervaren en dús ontwijken we de wat diepgaander, spannender vraag. En daarmee de kans op een goed gesprek en oprechte verbinding. We hebben zelf een vraagcultuur gecreëerd (of beter: een niet-vraagcultuur) waardoor we liever níét vragen dan dat we risico lopen.

Een vreemde paradox: wanneer we geen vragen durven te stellen vanwege belemmerende overtuigingen, angst voor afwijzing en kwetsbaarheid, blijft er maar één ding over – aannames doen. Je vult in, vanuit je eigen ervaringen 'hoe het zal zitten'. Je moet wel, je hebt immers niet veel anders wanneer je jezelf niet toestaat de vragen te stellen die ertoe doen.

REFLECTIE

Vraag jezelf eens af:

- Wanneer stel jij een vraag níét? Waar ben je op dat moment bang voor? Ongemak bij de ander, je eigen angst of ben je bang voor conflicten of ruzie?
- Welke vragen had je graag willen stellen, maar heb je ingeslikt? Weet je nog waar dat toen aan lag?
- Wanneer denk jij 'wel te weten hoe het zit'? Wanneer doe jij aannames zonder ze te checken? Kun je je een concreet voorbeeld herinneren?
- Waar wil jij soms de controle vasthouden in je vraag? Hoe merk je dat?

REDEN 3

Beloning: je scoort meer punten met een sterke mening dan met een vraag

Een volgende reden waarom we soms geen vraag durven te stellen terwijl we dat wel zouden willen, is: je scoort geen punten met een vraag. Een vraag stellen is nieuwsgierig zijn naar het antwoord. Een vraag stellen betekent dat je iets wilt weten en daarmee ook dat je iets (nog) niet weet. Misschien betekent je vraag dat je twijfelt. En twijfel: dat is niet sexy. Met twijfelen scoor je geen punten, het staat niet goed op je cv. Twijfelen is geen kijkcijferkanon, geen USP, unique sellingpoint, en het levert je geen promotie op. In vacatures wordt zelden gevraagd naar 'vraagkwaliteiten', 'twijfelvaardigheden' of 'kanjer in oordeel uitstellen'. In onze huidige maatschappij wordt meestal naar het tegenovergestelde gezocht: leiders, knopendoorhakkers, mensen die inspireren, touwtjes in handen nemen, doorzetters, zekerweters.

Een van de deelnemers aan mijn onderzoekjes antwoordde, naar aanleiding van de vraag Waarom vraag je soms niet wat je wilt vragen?: 'Met het stellen van een vraag laat je zien dat je iets niet weet. Ik merk vaak dat mensen precies om die reden níét vragen. Blijkbaar willen we liever onwetend blijven dan dom overkomen.' Uit deze uitspraak, en andere vergelijkbare, blijkt hoe we tegen onwetendheid aankijken: dat associëren we al heel snel met 'dom zijn'.

Brené Brown schrijft in haar boek *Verlangen naar verbinding*:

> Als ik alleen al kijk naar het afgelopen jaar, dan kan ik me de laatste keer niet herinneren dat iemand me een vraag stelde over een onderwerp en ik niet meteen met mijn mening kwam, zelfs al wist ik er niet genoeg van om er echt inzicht in te kunnen hebben of een echt goed gesprek te kunnen voeren. [...] In een cultuur waarin je je moet aanpassen – thuis, op je werk of in een samenleving – wordt nieuwsgierigheid als zwakte gezien en het stellen van vragen wordt eerder gelijkgesteld aan vijandigheid dan dat het wordt gewaardeerd omdat je er iets van zou kunnen opsteken.

Door onwetendheid of twijfel als inferieur te bestempelen, leg je een goede voedingsbodem voor ongeïnformeerd roeptoeteren in plaats van vragen stellen. Om onze eigen onzekerheid te verbloemen, verheffen we onze caféconversaties tot doordachte analyses. Om te voorkomen dat we overkomen als een onnozele twijfelaar, doen we alsof we weten waar we over praten.

Om competent te lijken, presenteren we meningen graag als feiten. Iemand die vragen stelt, iemand die twijfelt, is onzeker. Iemand die onzeker is en twijfelt, deugt niet.

Janine Abbring, de presentatrice en programmamaker van onder andere *Zondag met Lubach*, was te gast in het tv-programma *Dit was het nieuws*, een programma waarin op humoristische wijze het nieuws van de afgelopen week wordt doorgenomen, met iedere week twee wisselende gasten. In deze aflevering legt Janine Abbring uit dat ze eigenlijk niet snel een waterdichte mening ergens over heeft. De eerste reactie van presentator Harm Edens is: ‘Waarom zit jij hier eigenlijk?’

Peter Pannekoek zegt tegen Abbring: 'Maar je werkt bij *Zondag met Lubach*, en daar hebben jullie altijd een heel duidelijk punt.' Janine antwoordt: 'We doen bij dat programma best lang om tot dat punt te komen en dat vind ik heel fijn.' Waarop de rest van het panel grappend dingen zegt als: 'Ach, dan gaan wij even weg, naar de wc, en dan kun jij rustig je mening overdenken.'

Later zegt ze over deze aflevering in *Volkskrant Magazine*: 'Ik vind nooit direct ergens iets van, ik twijfel veel. Ik zat bij *Dit was het nieuws* en presentator Harm Edens raakte er zelfs oprecht geïrriteerd door. Hij vroeg aan mij wat ik van Thierry Baudet vind. Dan hoor je in een oneliner antwoord te geven, want het is tv, maar ik krijg gewoon kortsluiting in mijn hoofd en zeg: "O, eh, daar moet ik even over nadenken, want aan de ene kant vind ik eh..." Op een gegeven moment zei Harm Edens geërgerd: "Vínd jij überhaupt wel ergens iets van?" Het was echt ongemakkelijk.'

De ergernis van Harm Edens staat niet op zichzelf. Het is in onze cultuur geslopen dat een duidelijke mening verkondigen om erbij te horen noodzakelijk is om überhaupt deel te kunnen nemen aan 'het debat'. Het verkondigen van die duidelijke mening is te verkiezen boven twijfelen of zwijgen. Terwijl het nog maar de vraag is of het ook werkelijk iets bijdraagt. Van mening veranderen wordt gezien als een zwakte, terwijl dat juist van grote 'perspectivistische lenigheid' getuigt.

Twijfelen ligt ons niet zo goed. Van oudsher willen we graag zekerheid, weten waar we aan toe zijn. Wij mensen 'doen het gewoon niet zo goed' op twijfel, iets nog even niet weten, op open eindjes. Ons brein kan er niet zo goed tegen. En een vraag, zeker een onbeantwoorde vraag, is een soort open eindje. Daarom werken cliffhangers in series ook zo goed. Aan het eind van de aflevering wordt spanning gecreeerd door een vraag neer te leggen en 'm vooral open te laten: Lukt het de held de boel te redden? Is dat echt zijn verloren zoon? Kiest ze voor de ene man of de andere? Netflix draait een leuke omzet met onbeantwoorde vragen en open eindjes.

Vroeger, toen we ons in struiken verstopten, speren maakten van steen en op jacht gingen naar voedsel, waren we gebaat bij snelle antwoorden. Zo snel mogelijk weten waar voedsel te vinden is, wat de beste manier is om te doden en te bereiden, dat was handig voor je overleving. Het laatste waar je als overlevend oermens op zat te wachten was een vraag. Wij mensen zijn dus in zekere zin helemaal niet gemaakt om 'niet te weten'. Onze hersenen lijken toch iets anders te prefereren dan tijd te nemen, even stil te staan bij een vraag, of een belangrijke kwestie vragenderwijs te onderzoeken.

Zodra ik aan jou vraag 'Hoe laat is het?' of 'Wat ga je vanavond eten?' ga je in je hoofd op zoek naar het antwoord. Dat is wat hersenen doen. Zoeken naar noodzakelijke informatie, deze aan elkaar koppelen, analyseren wat we ermee moeten of kunnen doen en door naar de volgende stap. In het alledaagse, praktische leven is het heel handig om vragen snel te beantwoorden. Maar die neiging hebben we ook als het gaat om grotere vragen waar niet altijd een eenduidig antwoord op is: willen wij nog samenwerken? Ga ik voor die nieuwe baan of blijf ik trouw aan mijn huidige werkgever? Is het beter als ik ga scheiden van mijn partner? Ben ik een goede moeder?

Omdat we zo gewend zijn aan het snel zoeken – en vinden – van antwoorden, is dat ook onze reflex als het gaat om die grote vragen. Maar als het gaat om belangrijke meningsverschillen, oordeelsvorming of levenskeuzes, werkt het averechts. Dan zul je het niet-weten moeten leren verdragen.

Vragenmakers in plaats van opiniemakers

Een beroep dat ontstaan is als gevolg van het scoren met meningen is de opiniemaker. Opiniemakers zijn mensen die stelling nemen, die stelling ook van de daken schreeuwen en daarmee anderen proberen aan te zetten tot denken. Ze buitelen over elkaar heen met meningen die soms de flexibiliteit van een blok beton hebben. Ik vind het een vreemd woord: 'opiniemakers'. Het zijn een soort voorzeggers van meningen. Blijkbaar hebben we ze nodig, voorzeggers. Zijn we verleerd om autonoom te denken en zelfstandig een gefundeerde, genuanceerde mening te vormen?

Opiniemakers kunnen zorgen voor scherpte. Ze kunnen ons denken een zwieper geven, ervoor zorgen dat we de dingen vanuit een ander perspectief bekijken. Maar: zet daar een andere scherpe mening tegenover en je hebt een goede voedingsbodem voor polarisatie. De nuance staat van een afstandje toe te kijken en neemt teleurgesteld de benen. Al die beschikbare opinies maken ook lui: ik kan er gewoon eentje kiezen die me bevalt. Wanneer een andere schrijver het tegendeel ook mooi verwoordt, sla ik zo om naar de andere kant. Alsof ik een nieuwe jas zoek, kan ik verschillende meningen om mijn schouders hangen, en kijken of het past. Een beetje van mezelf en heel veel van anderen die al voor mij hebben nagedacht.

Door de snelheid waarmee opinies de publieke ruimte in worden geslingerd, krijgen mensen geen ruimte meer om hun eigen denken te ordenen. Met een tempo waarin je nog geen broodje pindakaas kunt smeren, vliegen de betogen je om de oren. In dit verband schreef Rob Wijnberg in 2013 in *De nieuwsfabriek*: 'Het duurt [...] meestal niet langer dan een paar uur voordat een willekeurig onderwerp in het nieuws al door een heel leger aan politici, opiniemakers en journalisten van commentaar is voorzien, in veel gevallen zelfs nog vóórdat duidelijk is wat er precies is gebeurd of gezegd.'

Het vermogen om te zeggen: ik weet het niet, en daarna even je klep houden en in de stilte zorgvuldig een vraag formuleren, is misschien wel net zo nodig als opinies van opiniemakers.

Ik stel daarom een nieuw concept voor: vragenmakers. Mensen die het nog even niet weten, eerder vragen formuleren dan antwoorden. Vragenmakers die een denkbeweging inzetten en uitnodigen tot kalme beschouwing en reflectie. Vragenmakers die geen stellingen poneren, maar een kwestie bevragen. Vragen om over na te denken, vragen die uitnodigen tot gesprek.

Zo'n vragenmaker wordt dan uitgenodigd bij *De Wereld Draait Door* of *RTL Late Night*, schrijft columns in *Volkskrant*

Magazine, met als enige doel: het publiek voorzien van vragen die werken. Vanuit de overtuiging dat een goede vraag dingen in beweging zet en een antwoord het denken stopt. Matthijs van Nieuwkerk laat in mijn fantasie zijn gesprekspartner wél uitspreken en er vallen veel denkstiltes. Onze tv, kranten en influencers als vragenmakers lijkt me een mooi idee. Misschien dat we dan minder ja-maren en meer ruimte ervaren in moeilijke gesprekken. Filosofen spelen soms die rol, en sinds een aantal jaren hebben we 'De Denker des Vaderlands' die ons van ander denken en scherpe vragen voorziet. Maar je hoeft geen afgestudeerd filosoof te zijn of de titel Denker des Vaderlands te dragen om een vragenmaker te kunnen worden. Dat zijn er wat mij betreft nog lang niet genoeg.

REFLECTIE

- Wat herken jij bij jezelf? Poneer jij weleens een mening voordat je die helemaal doordacht hebt omdat je weet dat je ermee scoort? Durf je, net als Janine Abbring, te zeggen dat je iets niet weet of geen mening hebt?

REDEN 4
Objectiviteit: we zijn verleerd objectief te redeneren

In een maatschappij waarin meningen de waarde krijgen van feiten, verdwijnt objectiviteit vanzelf naar de achtergrond. Dat is een van de redenen waarom we geen vragen meer stellen, of het zijn slechte: iedereen heeft recht op 'zijn eigen waarheid'. We zeggen 'dat mag jij vinden', 'dat is jouw mening' of 'ik heb mijn waarheid en jij de jouwe'. Het is kenmerkend voor hoe we tegenwoordig denken en in het leven staan: iedereen heeft zijn eigen waarheid en die dienen we ontzettend serieus te nemen.

Die eigen waarheid, gevat in onze opvattingen, vormt vervolgens onze identiteit en die bevragen we niet graag. Laat staan dat we zo flexibel zijn om onze meningen en opvattingen te herzien. Objectiviteit? Geen idee wat dat ook alweer was.

Filosoof Daan Rovers, tot 2021 onze Denker des Vaderlands, zegt in *Trouw* (26 maart 2019):

> Mensen denken dat elke uitspraak of elk vooroordeel dat je uitspreekt bijzondere bescherming verdient. Dat is denk ik een groot misverstand. De vrijheid van meningsuiting is een politiek recht van burgers ten opzichte van de overheid. Niet van kinderen ten opzichte van hun ouders, of van burgers ten opzichte van elkaar. En bij die vrijheid hoort dat je bereid bent om je mening ter discussie te stellen en kritiek van anderen aan te nemen. Dát is het publieke debat.

Een mening die eenmaal gevormd is, laat zich moeilijk wegjagen, zelfs niet als er een overtuigend argument tegenover komt te staan. Recent onderzoek wijst uit dat mensen juist sterker in hun eigen opvatting gaan geloven wanneer er tegensprekend bewijs wordt aangeleverd.

De Vlaamse filosoof en bioloog Ruben Mersch laat in zijn boek *Waarom iedereen altijd gelijk heeft* door middel van een aantal psychologische experimenten zien hoe dat werkt. Hij legt bijvoorbeeld het volgende gedachtenexperiment van sociaal-psycholoog Jonathan Haidt (New York University) voor:

> Julie en Mark, zus en broer, gaan samen op vakantie naar Frankrijk. Op een nacht slapen ze samen in een tentje op het strand. Ze besluiten dat het leuk zou zijn als ze met elkaar naar bed zouden gaan. Julie neemt de pil, maar voor alle zekerheid gebruikt Mark ook een condoom. Ze genieten er allebei van, maar besluiten het toch bij die ene keer te laten. Die ene nacht is hun geheim, ze vertellen het aan niemand, en door die nacht voelen ze zich nog sterker met elkaar verbonden.

Dit gedachtenexperiment legde Haidt voor aan verschillende mensen en vroeg hun wat ze van dit gedrag vonden. Iedereen keurde het gedrag af, bestempelden het als onjuist of immoreel, maar ze kregen het niet voor elkaar om hun standpunt te onderbouwen. Objectief bekeken is er geen sprake van incest of inteelt, broer en zus stemden beiden toe en deden niemand kwaad. De overtuiging van de proefpersonen was dus niet gebaseerd op kennis of feiten, maar puur op een onderbuikgevoel.

Mersch laat met dit boek zien dat ons onderbuikgevoel het meestal wint van de ratio. Mensen blijven hun eigen standpunt, gevoel of geloof verdedigen, ook als feiten en data dat oordeel tegenspreken. 'Meestal gebruiken we feiten zoals een zatlap een lantaarnpaal gebruikt,' schrijft hij. 'Niet als verlichting, maar enkel als ondersteuning.' We zijn altijd op zoek naar ons eigen gelijk en we filteren informatie die we tegenkomen op een manier die bij ons eigen standpunt past. 'We ondervragen de werkelijkheid niet, we martelen haar totdat ze bekent wat we graag willen horen,' schrijft de bioloog.

In zijn andere boek *Van mening verschillen: een handleiding* spreekt Mersch ook over een ander experiment: stel, je onderzoekt drie mensen met een fMRI, een scan die hersenactiviteiten meet en emoties in de hersenen waarneemt. De eerste persoon krijgt een flinke klap. De scan laat zien dat-ie best geëmotioneerd is, en niet onterecht. De tweede persoon wordt uitgescholden. Zijn scan zal eigenlijk nauwelijks afwijken van de eerste. Een derde persoon wordt bestookt met argumenten die lijnrecht ingaan tegen zijn diepst gewortelde overtuigingen. En *guess what*: ook die derde scan zal eenzelfde resultaat laten zien. Een klap, uitgescholden worden of een tegengestelde mening: voor je brein is het allemaal hetzelfde. Je denkt niet rationeel, je denkt in de overlevingsstand.

Vragen stellen, oprecht en nieuwsgierig, zou zomaar eens kunnen betekenen dat je je eigen opvattingen zult moeten herzien. En alles in ons wil dat nou juist net niet. We hebben liever onterecht gelijk, dan dat we terecht onzeker zijn. Instinctief schieten we bij een wat lastiger vraag in een survivalmodus, omdat een vraag betekent dat je wordt bedreigd in je identiteit.

Dat geldt uiteraard niet voor feitvragen als 'waar woon je?' Maar probeer maar eens niet een beetje nerveus te worden wanneer iemand je op je eigen uitspraken bevraagt en je moet uitleggen waarom je zegt wat je zegt.

- ‘Ik geloof gewoon niet in een hiërarchische organisatie. Iedereen kan toch zelf verantwoordelijkheid laten zien. Een hiërarchische organisatie werkt gewoon niet.’
  ‘Waarom werkt een hiërarchische organisatie niet?’
- ‘Ik vind homoseksualiteit prima, niks op tegen. Ik hoef het alleen niet te zien.’
  ‘Kun je eens uitleggen waarom je dat niet hoeft te zien?’

Tali Sharot, cognitief neurowetenschapper, in een interview met *Trouw* (17 maart 2018):

> Onze overtuigingen maken deel uit van wie we zijn. Informatie die daar tegenin gaat, bedreigt de kern van onze persoonlijkheid. Daar verzetten we ons tegen. We willen onze overtuigingen en wie we zijn niet ter discussie stellen. Peuters geloven hun ouders als die zeggen dat ze een roze olifant door de lucht zagen vliegen, omdat voor peuters de wereld nog helemaal nieuw is. Ze merken wel vaker dat heel rare dingen best mogelijk zijn. Maar volwassenen hebben sterke overtuigingen die je niet zomaar aan het wankelen kunt brengen. En in veel gevallen is dat terecht. Gemiddeld genomen hebben we het bij het rechte eind: er is zwaartekracht, de zon komt op en gaat onder, er bestaan geen roze, vliegende olifanten. Dat maakt het heel lastig om onterechte overtuigingen te veranderen.

Wanneer je een vraag wordt gesteld, betekent dat, omdat je antwoord moet geven, dat je ook moet nadenken. Dat betekent dat je wordt uitgenodigd, uitgedaagd om je huidige standpunt te herzien, opnieuw te formuleren of dat je het gewoonweg verkeerd ziet. Je wordt uitgenodigd jezelf te trainen in 'perspectivistische lenigheid'. Je moet 'dit is mijn waarheid' durven loslaten om ruimte te maken voor objectiviteit.

Een van de eerste socratische gesprekken die ik voerde, ging over de vraag: is liefde voor je kinderen onvoorwaardelijk? Er deden zes mensen mee aan het gesprek en een aantal was het erover eens: jazeker, liefde tussen ouders en kinderen is onvoorwaardelijk. Een van hen, Marijke, was rotsvast in haar overtuiging: 'Ik heb twee kinderen en ik weet gewoon zeker dat ik altijd van ze blijf houden. Wat ze ook doen, die liefde blijft. Sowieso. Altijd.' Een andere deelnemer, Jessica, wilde Marijke bevragen op die rotsvaste overtuiging. 'Hoe weet je zo zeker dat de liefde blijft, wat ze ook doen?' 'Ja eh... Dat wéét ik gewoon!' Een derde deelnemer vroeg: 'Stel nu dat een van jouw kinderen in een vlaag van woede iemand vermoordt... blijft die liefde dan nog steeds even sterk overeind?' 'Nou eh...' begon Marijke op verontwaardigde toon, 'dat is zo'n gek voorbeeld, daar kan ik helemaal niks mee.'

Het verdragen van de vraag, verdragen dat je wordt uitgedaagd, uitgenodigd om te verdiepen, te reflecteren en soms zelfs je eigen spreken en denken onder de loep te nemen, maakt ons angstig en gaan we liever uit de weg. We ontlenen onze identiteit immers grotendeels aan onze opvattingen en overtuigingen. Achter onze uitspraken en opvattingen ligt een heel mens- en wereldbeeld besloten. Geen wonder dat het spannend is om daar afstand van te nemen en ze nog eens opnieuw te bekijken. De reflex is: beschermen. Niet zozeer van een overtuiginkje op zich, maar een overtuiging die op dat moment een hele identiteit vertegenwoordigt. In het voorbeeld ontwijkt Marijke de vraag en reageert defensief. Ze wil haar rotsvaste overtuigingen, haar waarheid, liever niet kritisch bekijken en bevragen. Ze wil er niet eens over nadenken dat haar liefde voor haar kinderen weleens niet zo onvoorwaardelijk zou kunnen zijn als ze zelf gedacht had. Het doel van filosoferen is dat je die vraag nu net wél aangaat. Uiteindelijk deed ze dat ook, met pijn en moeite. Iemand anders stelde haar, vanuit rust, nogmaals de vraag: 'Stel je echt eens voor dat een van je kinderen iemand vermoordt, zonder duidelijke, verdedigbare reden. Blijft die liefde dan net zo sterk, of verandert die?' Marijke was even stil, ze trok haar gezicht in een grimas, ging verzitten en zuchtte toen uiteindelijk: 'Nee, ik denk eerlijk gezegd toch dat die liefde dan wel zou veranderen. En dat er toch iets voorwaardelijks in zit misschien.'

REFLECTIE

- Wanneer reageer jij defensief?
- Sta jij open voor data die jouw mening onderuit schoffelen? Of eigenlijk niet?
- Denk eens terug aan een moment dat jij ongemakkelijk werd van een vraag: wat wilde je toen niet aangaan? Wat wilde je verdedigen, beschermen?
- Heb jij weleens een vraag gesteld waar een ander defensief op reageerde, ongemakkelijk van werd, of boos? Welke overtuiging probeerde hij of zij te beschermen, denk je?

REDEN 5
Tijd: vragen stellen kost tijd (denken we) en daar hebben we weinig van

Op mijn vraag: 'Wat weerhoudt je soms van het stellen van vragen?' antwoordde Josefien Harmsen (activiteitenbegeleider): 'Ik stel soms ook geen vragen, omdat ik weet hoe druk mensen het vaak (menen te) hebben, waardoor ze geen geduld meer hebben voor een goed gesprek en verdieping na het stellen van een vraag. Het is de tijd van het kort en snel reageren met je eigen mening, terwijl vragen stellen een heel andere instelling vraagt. Bij het stellen van een goede vraag word je algauw als vreemd en niet meer van deze tijd gezien. Er is gewoon geen rust meer, of beter gezegd: veel mensen nemen niet meer de rust voor verdieping, waar goede vragen bij horen.'

Ik denk dat Josefien gelijk heeft: we hebben, en nemen, geen tijd meer voor onderzoek. We willen zo snel mogelijk dóór. Naast dat het fijn is om dingen zeker te weten, wordt een oprecht, nieuwsgierig onderzoek naar datgene wat we denken te weten vaak niet gevoerd omdat we denken dat het overbodig is, veel tijd kost en we het druk genoeg hebben. We verkeren in de veronderstelling dat een goed gesprek tijd kost, terwijl het in feite meestal tijd bespaart. Hoeveel miscommunicatie was voorkomen, hoeveel mislukte projecten, stukgelopen samenwerkingsverbanden waren anders verlopen als de partijen met elkaar de tijd hadden genomen voor meer onderzoek, meer vragen, meer samen nadenken over wat van belang is?

Ariane van Heijningen, praktisch filosoof en organisatieadviseur, met haar eigen bureau DENKPLAATS, vertelde over haar denkgesprekken in organisaties, waarbij ze eerst onderzoekt wat eigenlijk het probleem precies ís. Soms denkt een directie of MT dat het probleem ergens zit waar het niet zit. Dan is de omzet te laag en wordt er gelijk naar oplossingen gezocht, een campagne opgezet om meer geld binnen te krijgen en noem maar op. Maar misschien is dat het probleem wel helemaal niet, wellicht heeft zo'n organisatie eerst een ander gesprek te voeren.

Misschien loopt er iets in de cultuur niet goed, is het product niet meer helemaal van deze tijd, of nog iets anders. Maar eerst moet duidelijk zijn wat het probleem precies is, voordat je oplossingen gaat bedenken. En daar voert een organisatie, met een praktische filosoof als Ariane, denkgesprekken voor. Door systematisch doorvragen, bijvoorbeeld via de socratische methode, probeert zij de werkelijke vraag, het echte probleem boven tafel te krijgen.

> Tijdens een socratisch gesprek probeer je dan een verhaal kloppend te krijgen, logisch, door te krijgen wanneer mensen zichzelf of elkaar tegen spreken, verborgen vooronderstellingen te achterhalen en dat vervolgens te bespreken. Dat biedt je vervolgens mogelijkheden om dingen anders te bekijken en andere beslissingen te nemen. Mijn ervaring is dat mensen uiteindelijk blij zijn met dergelijke denkgesprekken, omdat het ruimte schept. Maar dat wil niet zeggen dat dat makkelijk is, of snel gedaan is. Als je met elkaar het onderzoek aangaat en nieuwsgierig blijft, kost dat even tijd maar negen van de tien keer levert het een betere, effi-

ciëntere beslissing op. De tijd die je erin gestoken hebt is dus uiteindelijk alleen maar winst.

Het voeren van een denkgesprek of dialoog vergt, naast tijd, ook discipline. En die discipline hebben we niet altijd. We gooien het op 'tijd': we hebben er te weinig van voor het voeren van goede gesprekken en het stellen van een doordachte vraag. Maar het ligt eerder aan een gebrek aan discipline. Dat kun je jezelf niet kwalijk nemen als je je daar nooit in geoefend hebt, maar het is wel een belangrijke oorzaak van de vluchtigheid van onze gesprekken en het gebrek aan goede vragen ín die gesprekken.

Wanneer je de tijd neemt, stel je een andere vraag

Een tijdje geleden voerde ik, samen met twee collega's, een filosofisch gesprek met bestuurders en toezichthouders van een zorginstelling. Zij wilden hun nieuwe kernwaarden (moed, verwondering en vertrouwen) filosofisch onderzoeken. Omdat ze er niet alleen over wilden spreken, maar ook iets wilden ervaren, hadden we bedacht om per kernwaarde een ervaringsgerichte oefening te doen. Op die manier hadden we meteen materiaal, een ervaring, om een socratisch gesprek over te voeren. De oefening die ik ze liet doen, ging als volgt: iedereen schreef een ergernis, een irritatie van de afgelopen weken, op papier, in maximaal twee zinnen. Vervolgens maakten we tweetallen, A en B. A sprak zijn ergernis uit en B moest verplicht één minuut zwijgen. Na deze minuut stilte, mocht B één vraag stellen. Die vraag werd verder niet beantwoord, het ging om het ervaren van het proces van het aanhoren van een verhaal, weten dat je een vraag gaat stellen, en daar verplicht één minuut bij stilstaan. Wat er gebeurde was bijzonder: de minuut stilte was in het begin enigszins ongemakkelijk en startte met wat gegiechel. Na een aantal seconden ging die giechel over in concentratie. Na afloop van de oefening werden de ervaringen uitgewisseld en alle deelnemers, zonder uitzondering, zeiden dat ze werkelijk een andere vraag hadden gesteld aan het eind van die ene minuut dan de vraag die als eerste in ze opkwam.

De vraag die ze uiteindelijk, na die ene minuut, stelden, bestempelden ze zelf als 'de betere' vraag. Een van de deelnemers zei: 'Die eerste vragen die in me opkwamen waren helemaal niet zo interessant. Ze waren zelfs behoorlijk gestuurd, of gericht op mijn eigen entertainment. De vraag die na de minuut stilte bij me opkwam, ging echt in op het verhaal en zette de ander aan het denken.'

Waar we vaak in eerste instantie denken dat goede vragen stellen tijd kóst, kun je ook zeggen dat de tijd nemen om een goede vraag te formuleren, je tijd oplevert. De kwaliteit van de vraag – en dus van het antwoord – wordt beter naarmate je er meer aandacht aan besteedt. Of, zoals een oosters gezegde luidt: je vertraagt om te versnellen.

REFLECTIE

- Denk jij onbewust ook dat vragen stellen tijd kost?
- Wanneer ga je zelf te snel?
- Wanneer ben je snel tevreden met een oplossing zonder goed door te vragen?

REDEN 6
Competentie: we krijgen geen les in 'vraagvaardigheden' op school

Ik was vroeger al een kleine minivragensteller. Een kleine horzel, die niet van ophouden wist. Als typisch 'waarom?'-kind kon ik het mijn ouders flink lastig maken.

'Mam, waarom gaat daar een luchtballon in de lucht?'

'Omdat mensen dat leuk vinden en de wereld van boven willen zien.'

'Waarom willen mensen dat dan van boven zien?'

'Omdat mensen dat mooi vinden, denk ik.'

'Kunnen wij dat ook een keer doen in een luchtballon?'

'Dat kan wel maar dat doen we niet.'

'Waarom doen we dat niet als het wel gewoon kan?'

'Nou eh... omdat ik het zeg!'

Ik nam zelden genoegen met het eerste antwoord, wilde de vraag achter de vraag en het antwoord achter, boven, naast en onder het antwoord dat al was gegeven. Mijn ouders deden mijn gevraag regelmatig af met: 'Omdat ik het zeg.' Een mooie manier om je kind af te poeieren en eindeloze gesprekken de kop in te drukken. En tegelijk ook een manier om kinderen subtiel te leren dat vragen stellen niet per se gewaardeerd wordt. Ik snap het wel, het vergt geduld en het kost tijd om op de onderzoekende houding van kinderen in te gaan en die te koesteren en te voeden. Maar het is het wel waard om dat wél te doen. Er wel de tijd voor te nemen, zelf ook vragen te stellen en kinderen aan het denken en fantaseren te houden.

Flexibel denken, een onderzoekende houding, een thema of onderwerp van meer kanten bekijken en besnuffelen: kinderen hebben het van nature, maar in het huidige onderwijssysteem brokkelt dat vermogen snel af. Van basisschool tot hogeschool en universiteit, tot in organisaties: ondanks verschillende pogingen en mooie initiatieven, is het stellen van vragen en het aannemen van een filosofische, onderzoekende houding geen gewoonte. Op basisscholen bestaat er helaas nog geen vak 'denken en vragen stellen', hoewel dat een van de belangrijkste vaardigheden zou moeten zijn. Het vermogen om kritisch te denken, je eigen en andermans opvattingen te bevragen en meerdere perspectieven in te kunnen nemen, levert weldenkende, verbindende volwassenen op. En die hebben we meer dan ooit nodig.

Sommige scholen doen aan kunstprojecten om de creativiteit en het denkvermogen van kinderen te stimuleren, of proberen filosoferen in te passen in hun curriculum. Maar zelfs dan is het moeilijk. Waar leerkrachten vaak tegenaan lopen is dat ze, als ze oprecht een onderzoeks- of vraaggesprek willen voeren in de klas, hun rol moeten loslaten. Melanie Eijdems, (leerkracht groep 6/7) deed mee aan een workshop Filosoferen in de klas, voor leerkrachten van de bovenbouw.

Melanie: 'Als leerkracht word je in eerste instantie opgeleid om vooral kennisvragen te stellen. Je test tenslotte kennis om te zien of ze jouw les wel hebben begrepen. Pas sinds een jaar of twee wordt meer aandacht besteed aan vragen die het (kritische) denkvermogen van leerlingen aanspreken.'

Waarschijnlijk is deze trend komen opzetten vanuit de '21st century skills' zoals kritisch denken. (SLO, 2019)

Dit vergt, aldus Melanie, veel oefening van de oudere leerkrachten, die niet gewend zijn op die manier te denken en te werken. Ze zegt: 'Ik stel als leerkracht wel oprechte vragen, maar die liggen meer in de persoonlijke sfeer: Hoe gaat het nu met jouw oma? Wat doet dit met jou? Wat heb je van mij nodig? Diezelfde vragen vakinhoudelijk stellen blijkt soms lastig, omdat ik dan mijn "alwetende" rol moet loslaten en oprecht nieuwsgierig moet blijven naar de antwoorden van mijn leerlingen.'

Wat Melanie beschrijft hoor ik van meer leerkrachten wanneer ik workshops en trainingen geef op basisscholen. Enerzijds is er de traditie van lesgeven waar we al jaren in zitten. Maar ook de werkdruk, inspectie en zelfs de ouders dragen eraan bij dat er weinig ruimte is voor creativiteit en goede gesprekken.

Melanie merkt ook aan de ouders dat we leven in een maatschappij die kennis centraal stelt, en niet creatieve of denkvaardigheden. Ouders willen, net als de inspectie, vooral resultaten zien.

Ouders eisen soms bijna dat hun kind een vwo-advies krijgt en roepen leerkrachten ter verantwoording als hun kind een lager advies krijgt dan zijzelf in gedachten hadden.

Melanie: 'Dus daar waar bijvoorbeeld de kleuterleerkracht eerst de tijd had om een kind lekker te observeren en materiaal aan te bieden zodat het kind zich op diverse creatieve punten kon ontwikkelen, wordt er nu op het schoolplein opgeschept dat "mijn zoon uit groep 1" al kan lezen, schrijven of rekenen. Dat "mijn dochter uit groep 2" prachtig kan zingen of tekenen, lijkt niet meer mee te tellen. Door de hogere eisen van ouders en maatschappij wordt "rondlummelen", zoals veel ouders de lessen noemen waarin andere vaardigheden worden gevraagd dan rekenen, begrijpend lezen en spellen, maar weinig gedaan. Terwijl juist dat rondlummelen en nieuwsgierige gesprekken voeren die vragende en creatieve houding bij kinderen ontwikkelt.'

Ik gaf eens een training in creativiteit en kritisch denken op een basisschool. De opdracht die de leerkrachten kregen was een creatief proces voor hun leerlingen bedenken en faciliteren. Het doel was de leerling totaal eigenaar te laten zijn van zijn eigen proces, denkwerk en keuzes. Kortom: autonoom aan de slag met een thema. Een van de leerkrachten, Ellen, ze gaf les aan groep 8, zei: 'In mijn klas speelt het "winnen en verliezen" heel erg. Ze spelen daardoor helemaal niet leuk op het schoolplein. Ik wil ze graag laten inzien dat winnen of verliezen niets uitmaakt, dat je het gewoon leuk kunt hebben met elkaar. En dat wil ik dan in deze creatieve les gaan doen. Mag dat?'

Een andere docente levensbeschouwing bekende tijdens een training over filosofische gesprekken in de klas: 'Ik voerde met mijn klas een gesprek over de vraag: kun je alleen maar in de kerk bidden? Ik kon er niets aan doen, maar aan het eind van het gesprek wilde ik toch graag mijn visie op het onderwerp delen. Omdat ik vind dat ze dat eigenlijk ook zo moeten vinden.'

Zelfs als we bezig zijn met filosoferen of kunst, hebben leerkrachten de neiging te sturen en te controleren wat de uitkomst is. Ze hebben grote moeite met loslaten en de autonomie van de kinderen. Ze willen graag toch even zeggen wat ze zelf denken. De kinderen zijn het natuurlijk net zo goed niet gewend, dus vragen vaak dingen als: juf, vertel jij ons zo meteen het goede antwoord?

De manier waarop wij ons onderwijs hebben ingericht, heeft een groot effect op het vermogen van kinderen om zelfstandig te denken, een onderzoekende houding aan te nemen en het durven stellen van vragen. Het onderwijs van nu is eerder bezig dat vermogen in te perken dan te ontwikkelen.

Ook op de lerarenopleidingen worden aankomend leerkrachten niet getraind op vraagvaardigheden. Anne Baudine, leerkracht in opleiding, zei tijdens een workshop Kritisch denken op haar school: We krijgen op mijn lerarenopleiding wel filosofie, maar dat is meer een geschiedenis van filosofen en hun ideeën. Maar hoe ik nou daadwerkelijk een verdiepend gesprek voer, laat staan mijn leerlingen zélf aan het vragen krijg... ik heb geen idee.'

Het ontbreken van vraagvaardigheden en een open, nieuwsgierige houding op de basisschool zien we ook terug tijdens studies en in organisaties. Ook daar staan nog te vaak theorie en kennis centraal, en te weinig het trainen, ontwikkelen van een vragende, lerende houding.

Maar de behoefte aan deze vaardigheden wordt wel steeds groter.

Jan Bransen, filosoof en hoogleraar aan de Radboud Universiteit, pleit in zijn boek *Gevormd of vervormd? Een pleidooi voor ander onderwijs* voor een aantal veranderingen binnen het onderwijs. Zo zegt hij dat de nadruk in het onderwijs nu ligt op kennis verwerven en toetsing. Dat gaat uit van het idee dat kennis en toepassing twee verschillende dingen zijn. Voor Bransen betekent iets kunnen, weten hoe je in een bepaald scenario effectief handelt. Maar kennis is pas echte kennis als die tot uiting komt in professioneel handelen onder álle omstandigheden, niet enkel in gevalletje X of Y. Om die kennis te verwerven, moeten in het onderwijs drie dingen centraal staan: socialisatie, persoonsvorming en kwalificatie. Bransen vindt het van groot belang dat jongeren in deze wereld, waar zoveel informatiebronnen beschikbaar zijn, leren om die informatie kritisch op waarde te schatten, leren om onderscheid te maken tussen mening en feit. Dat kritisch denkvermogen wordt nu onvoldoende gevoed en getraind, omdat het onderwijs nog te veel stoelt op kennisoverdracht en de toetsing ervan.

REFLECTIE

- Denk eens terug aan je opvoeding en je schooltijd: wat heb je onbewust geleerd over het stellen van vragen?
  Werd het stellen van vragen gewaardeerd en gestimuleerd? Of juist niet?

Tot slot

We hebben in dit hoofdstuk gekeken naar de vraag: waarom zijn we zo slecht in het stellen van goede vragen? En we hebben de redenen erachter onderzocht.

1. Biologie: over jezelf praten is véél lekkerder dan vragen stellen
2. Angst, oftewel vraagvrees: vragen is soms hartstikke eng
3. Scoren: je scoort beter met een mening dan met een vraag
4. Objectiviteit: we zijn verleerd objectief te redeneren

5 Tijd: we denken dat het tijd kost om goede vragen te stellen
6 Competentie: we krijgen het niet geleerd

Het begrijpen van de redenen dat je geen vragen stelt, kan je helpen om het anders te doen. Wanneer je weet dat je je laat tegenhouden door angst of egoïsme, wordt het simpeler die dynamiek in jezelf te herkennen en te veranderen. Wanneer je je realiseert dat je een mening verkondigt om te scoren, terwijl je eigenlijk liever een vraag zou stellen, helpt je dat om het een volgende keer anders te doen. Wanneer je weet dat het je tijd oplevert wanneer je vragen stelt in plaats van dat het tijd kost, ben je eerder geneigd het te doen.

Maar die dynamieken kennen is slechts een deel van de puzzel. Als je weet waarom je geen of belabberde vragen stelt, en je wilt het beter doen, waar begin je dan? Daar gaat hoofdstuk 2 van dit boek over. In hoofdstuk 2 neem ik je mee naar de basis: de socratische houding. Het ontwikkelen van een socratische houding is de basis van het stellen van goede vragen. Als je die houding onder de knie hebt, volgen de mooie vragen vaak al vanzelf. Hoe ontwikkel je een houding van nieuwsgierigheid? Waaruit bestaat die socratische houding? Hoe train je dat? In hoofdstuk 2 kom je erachter!

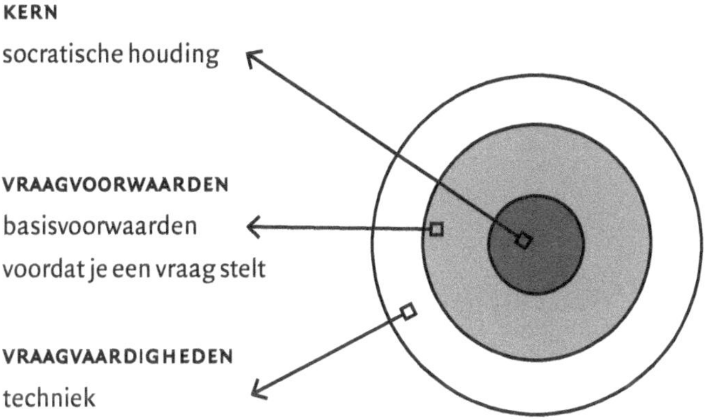

In bovenstaand plaatje wordt inzichtelijk hoe ik de kunst van het vragen stellen benader; de kern is de socratische houding, en daarmee het belangrijkste fundament. Als die kern deugt, en je stelt vragen vanuit die socratische houding, kun je werken met de tweede schil: vraagvoorwaarden. Als je socratische houding klopt én de voorwaarden zijn in orde, kun je je bezighouden met de praktische tips, trucs en techniek. Maar heel vaak denken we alleen na over die buitenste schil; er zijn talloze artikelen en cursussen te vinden die alleen maar vraagtechniek behandelen, zonder te kijken naar de houding vanwaaruit die vraag wordt gesteld, en of de voorwaarden wel in orde zijn.

2

Kern: de socratische houding

Wisdom is like the Baobab-tree: no individual can embrace it alone

—Ghanees spreekwoord

Socrates als superheld: schud je eigen Socrates wakker

In mijn binnenste woont een mini-Socrates met Batman-cape, die soms iets te fanatiek de wereld wil redden en af en toe het deksel op zijn neus krijgt. Op zijn neus zit een permanente dikke pleister. Iedereen heeft een kleine Socrates in zijn binnenste wonen. Sommige innerlijke Socratesjes liggen te slapen, peuteren gedachteloos wat in hun neus, lezen een Donald Duck, zitten te gamen of te smikkelen van een Magnum White, maar in potentie zijn al die Socratessen in staat tot datgene waar ze voor bedoeld zijn: nieuwsgierig blijven, onwetend, uitdagend, en altijd maar doorvragen. Als het je lukt die Socrates in jezelf wakker te schudden, heb je goud in handen. Je gesprekken worden leuker, en ook het observeren van mensen kan een activiteit worden die leuker is dan menig Netflix-serie.

Wat we van Socrates en andere praktische filosofen, zoals bijvoorbeeld Epictetus en de stoïcijnen, kunnen leren, is hoe zij door vragen te stellen diepgang krijgen in een gesprek. Hoe ze zorgen dat er wordt nagedacht. Zij voerden gesprekken die uitstegen boven 'jouw mening naast de mijne'. Door het wakker schudden van je eigen innerlijke Socrates worden je gesprekken rijker, dieper en wellicht filosofischer van aard.

In het Engels zeggen ze over yoga en mindfulness: *It's a practice.* Het is een beoefening. En beoefening baart kunst. Je moet iets wat je wilt beheersen veel en regelmatig beoefenen. Jezelf trainen in het sturen van aandacht of je lichaam. Het is met de socratische houding en het voeren van denkgesprekken niet anders: it's a practice. En practice vergt tijd, concentratie, toewijding. En heel veel doen.

Dit hoofdstuk helpt je in het ontwikkelen van de socratische houding. Ik neem je mee in wat het is, hoe je 'm ontwikkelt en bied je praktische oefeningen en handvatten.

Socrates: eigenlijk een heel praktische filosofie

Socrates leefde 2500 jaar geleden in Athene. Hij werd geboren in het jaar 469 voor Christus. Zijn vader was beeldhouwer en zijn moeder vroedvrouw. Met zijn eigen vrouw Xantippe kreeg hij drie zonen. Aanvankelijk was Socrates een handwerkman, naar het beroep van zijn vader, maar hij wijdde zich al snel aan het onderricht. Op de agora – het politieke en culturele centrum van de stad – ging hij in gesprek met eigenlijk iedereen: bestuurders, ondernemers, politici, vaklieden, kunstenaars en studenten over fundamentele kwesties in hun werk en leven. Socrates liet mensen door vragen te stellen verantwoording afleggen over hun beslissingen, nadenken over de rechtvaardiging van hun gedrag, overwegingen en redeneringen expliciet maken die tot hun standpunt leidden. Hij had veel bewonderaars, maar niet iedereen was gecharmeerd van zijn doortastende manier van vragen stellen. Hierdoor kreeg hij de bijnaam 'de horzel van Athene'.

Socrates' opvatting was dat het enige wat ons werkelijk gelukkig maakt is: weten wat juist is, het innerlijk vermogen om in elke situatie het goede te onderscheiden. De mens wil datgene wat hij doet goed doen. Hoe ben je een goede vader of vriend? Hoe weet je welke keuze je moet maken als manager? Wat is juist, verantwoord handelen als arts? Socrates was een meester in vragen stellen en het vormgeven van de vragende houding. Als er een kampioenschap niet-weten wordt georganiseerd, zou hij het winnen. Als geen ander spiegelde hij zijn gesprekspartner en gaf diens woorden en tegenstrijdigheden terug. Hij vertelde niet wat hij wist, maar hij vroeg door, en nodigde zijn gesprekspartner uit tot gezamenlijk onderzoek. Socrates' motto was 'ik weet dat ik niets weet', waarmee hij door het Orakel van Delphi meteen bestempeld werd als de meest wijze man die er bestond. Het Orakel van Delphi bevond zich in het centrum van de Oudgriekse cultusplaats Delphi. Het was een zeer belangrijk orakel, gewijd aan de god Apollo. Van heinde en ver begaven zich jaarlijks duizenden mensen, vaak pelgrims, op weg naar Delphi om het orakel te raadplegen en de goden goede raad te vragen bij het nemen van belangrijke en moeilijke beslissingen. Als god van het licht werd Apollo immers verondersteld overal door te dringen en te zien wat aan het oog van de mensen ontgaat.

Socrates was nieuwsgierig naar kennis en wilde bijvoorbeeld graag antwoord op de vraag: wat is rechtvaardigheid? Hij vroeg dan aan iemand 'die er verstand van had' hem te vertellen wat het antwoord was op die vraag. Bijvoorbeeld een rechter. Die oordeelde immers dagelijks over goed en kwaad, dus die zou vast een antwoord hebben op de vraag wat rechtvaardigheid precies is. De rechter in kwestie dacht dat inderdaad te weten en legde het Socrates haarfijn uit. Het duurde niet lang of Socrates wees tegenstrijdigheden aan in de uitleg die de rechter gaf. Na een tijdje wist zelfs de rechter niet meer hoe 'rechtvaardigheid' nu precies te omschrijven, of het een deugd is, of het iets met vroomheid te maken heeft, of hij zelf toen en toen rechtvaardig was geweest, et cetera. Op die manier zette Socrates zijn gesprekspartners aan het denken, vanuit een gezamenlijke zoektocht naar wijsheid.

Socrates bedreef dus een heel praktische vorm van filosoferen: gesprekken voeren over abstracte concepten, door ze op concrete situaties toe te passen. Filosofie was niet voor de elite maar moest wat hem betreft nuttig zijn en gaan over praktijkervaringen. Zijn doel was gezamenlijk onderzoek doen, gezamenlijk afwegen van argumenten, een gezamenlijk leerproces en een zoeken naar wijsheid. Altijd stond een concrete ervaring centraal. Puur theoretische gesprekken over concepten, begrippen en hypothetische situaties waren volgens Socrates zinloos: dat levert geen ware kennis op, maar een soort ‘nepkennis’ of boekenwijsheid. Socrates maakte eigenlijk gedragsanalyses, hij probeerde door het gedrag en denken te bevragen, te achterhalen volgens welke regels zij handelden. Wanneer je die onbewuste regels, overtuigingen, opvattingen, expliciet maakt, bevraagt, beter begrijpt, kan dat ook tot beter gedrag leiden.

Volgens Socrates is kennis niet iets wat je opdoet via anderen door ze na te praten, maar eerder iets wat je je herinnert. Socrates schreef daarom geen boeken, volgens hem leverde dat enkel ‘boekenwijsheid’ op. De enige manier om volgens hem tot ware kennis te komen, was via het gesprek. De onsterfelijke ziel bezit kennis, Socrates hielp zijn gesprekspartners zich die kennis te herinneren. Zijn methode, de maieutiek, werd de vroedvrouwenmethode genoemd.

Socrates’ moeder was vroedvrouw, hij was dus bekend met het proces van geboorte en hij vergeleek zijn werk, de kennis bij de ander opdiepen, met het geboorteproces.

In *Meno* zegt Socrates:

> Van sommige dingen die ik heb gezegd, ben ik niet zo zeker. Maar dat wij beter, moediger en minder hulpeloos zijn wanneer we menen dat we moeten onderzoeken, dan we geweest zouden zijn wanneer we zouden blijven steken in de fantasie dat er geen ‘weten’ is, en geen nut in het zoeken naar dat te weten wat we niet weten; – dat is een thema waarvoor ik zal strijden, in woord en daad, met alles wat ik in me heb.

Uiteindelijk heeft Socrates dat laatste letterlijk gedaan: hij is aangeklaagd voor zijn praktijken en veroordeeld tot de gifbeker. Toen hij zeventig jaar oud was, werd hij officieel beschuldigd van goddeloosheid en het bederven van de jeugd. Tijdens zijn leven had hij al behoorlijk wat mensen tegen zich in het harnas gejaagd door het stellen van zijn kritische vragen. Hij zou daardoor de jeugd aansporen om ongehoorzaam te zijn. Door sommige mensen werd hij ook als sofist bestempeld, dat werd in die tijd geassocieerd met een vorm van goddeloosheid. Dat betekende een ondermijning van religieuze wetten. Een ander deel van de beschuldiging betrof Socrates' ondemocratische houding. Hij had bijvoorbeeld eens gezegd dat het proces van het willekeurig kiezen van bestuurders door een volk geen garantie was voor een rechtvaardige uitkomst. Je ziet: Socrates maakte geen vrienden met zijn opvattingen en manier van spreken.

Plato beschrijft in zijn boek *Apologie* uitgebreid hoe het proces van Socrates verliep. Socrates bepleitte zijn eigen rechtszaak voor een jury, 500 Atheense mannen. In zijn verdediging legt hij uit hoe hij aan zijn slechte reputatie is gekomen en hij steekt en passant de draak met zijn aanklagers. Hij lijkt de zaak niet helemaal serieus te nemen en wordt met een meerderheid van 360 stemmen veroordeeld tot de gifbeker. Socrates was niet bang voor de dood, want hij redeneerde dat de dood 'van tweeën een is': ofwel een soort niets, een droomloze eeuwige slaap, ofwel een verhuizing van de ziel naar een andere omgeving, waar alle overledenen bij elkaar zijn. Voor niets hoeven we niet bang te zijn en in het andere geval hebben we ook niets te vrezen, zo was Socrates' gedachtegang. De dood van Socrates wordt ook wel het startpunt van de geschiedenis van de filosofie genoemd. Sommigen omschrijven het als 'de oerknal van de filosofie'.

Zijn leerling Plato heeft talloze dialogen opgeschreven. Natuurlijk weten we nooit zeker wat de fantasie van Plato is geweest en wat daadwerkelijk heeft plaatsgevonden in die gesprekken.

Wat we wél weten is dat de manier waarop Socrates zijn gesprekken voerde, heeft geleid tot een gespreksstructuur die we tegenwoordig 'het socratisch gesprek' noemen.

De Duitse filosoof, pedagoog en politicus Leonard Nelson (1882-1927) is de grondlegger van het socratisch gesprek. Hij heeft geprobeerd de socratische methode de plek terug te geven die haar toekomt in de filosofie. Niet alleen abstract en theoretisch in de hele filosofiegeschiedenis, maar ook praktisch, door de methode toepasbaar te maken in bijvoorbeeld onderwijs, organisaties en politiek. Een socratische, vragende houding is wat je wilt ontwikkelen wanneer je meer verwondering, doordenken en diepgang in je gesprekken wilt.

Wat is een socratische houding?

'Enkel hij die zichzelf kent, en weet dat hij niets weet, heeft ruimte voor werkelijke kennis,' aldus Socrates. In het vorige hoofdstuk heb je kunnen lezen dat een van de grootste vraagproblemen is dat we zo houden van antwoorden. Dat we denken te weten hoe het zit, dat we graag invullen en aannemen. De oplossing, de manier om betere vragen te gaan stellen, ligt dan ook meteen in die veronderstelling: dat je denkt iets zeker te weten.

Een vragende houding is precies de houding die Socrates

belichaamde: een onwetende, verwonderde, soms zelfs onbenullige houding. Zelfs de dingen die we doorgaans aannemen, die vanzelfsprekend lijken, stelde hij ter discussie en werden door hem bevraagd. Het feit dat we denken zeker te weten weerhoudt ons ervan wezenlijke vragen stellen.

We werken bijvoorbeeld maar wat vaak en graag samen, maar zelden wordt in organisaties de vraag gesteld: wat is samenwerken eigenlijk? Die vraag nu net wél stellen, ook al lijkt hij zo futiel, en vanzelfsprekend, levert verbinding en verdieping op. Dan blijkt namelijk dat Jantje van marketing een heel ander beeld heeft van samenwerken dan Pietje van het management en Katootje van HR. En je kunt de online Van Dale er wel op naslaan om op te zoeken wat de officiële definitie van samenwerken is (ik verklap het gewoon: dat is 'in onderling overleg werken') maar daar kom je niet heel ver mee als je dat praktisch wilt gaan toepassen. Want wat is dan 'onderling overleg?' Hoe zien wij dat overleg? Hoe vaak, hoelang, met wie, waarover? Welk gevoel willen wij hebben bij samenwerken?

Kinderen hebben die vragende, onwetende houding van nature. Ze zijn continu verwonderd, onderzoeken dat het een lieve lust is en stellen de mooiste vragen. Omdat ze weten dat ze het nog niet weten. Een vragende houding kun je aannemen ten opzichte van alles en iedereen: jezelf, een krantenartikel, het nieuws, een uitspraak van iemand. Het is een houding die niet-weten opzoekt, zonder dat daar per se een ander bij betrokken hoeft te zijn.

Maar hoe train je die socratische, vragende houding, die eigenlijk haaks staat op wat we tot nu toe gewend zijn? Een vragende houding heb je niet van de ene op de andere dag. Net zoals je je buikvet niet kwijt bent na één keer zwoegen in de sportschool (was het maar zo'n feest...). Daar moet je een en ander voor ontwikkelen, trainen, én bijhouden. Dat is met denken, en met een socratische houding, niet anders.

RECEPT VOOR EEN SOCRATISCHE HOUDING

- Nieuwsgierigheid als basis
- Een flinke scheut onwetendheid
- Een theelepel naïviteit
- Een snufje wens tot verdieping
- Een portie geduld
- Oordelen bewaard in de koelkast
- Tijd
- Leegte in je hoofd en openheid in je ogen
- Een pond empathische nulstand

Hoe train ik een nieuwe, socratische houding?

De eerste stap in het ontwikkelen van een vragende, socratische houding is dat je je bewust bent van je eigen denken, van wát je denkt en hóé je denkt. Alleen dan kun je sturen, corrigeren en ruimte maken voor werkelijke vragen. Die WAT en HOE zijn echt twee verschillende dingen. Je moet van jezelf leren ontdekken WAT je denkt: welke overtuigingen heb je, soms heel onbewust? En HOE denk jij? Denk je snel of langzaam? Associatief of logisch? Socrates zei het al: ken uzelf. Pas als je weet wat en hoe je denkt, kun je er bewust mee omgaan en ruimte maken voor iets anders.

Observeer je eigen gedachten, zo vaak als je kunt. Hoe beter je je eigen denken leert kennen, hoe makkelijker het wordt om patronen te herkennen en later ook te doorbreken. Observeer je denken zonder oordeel. Het is niet erg als je in gedachten oordeelt over anderen of jezelf, als je steeds afdwaalt in een gesprek, bezig bent met je eigen verhaal of je boodschappenlijstje. Registreer het, en breng je aandacht weer terug naar het gesprek waar je in zit.

Praktische oefening om je eigen denken te observeren
Je denken observeren kan eigenlijk altijd, alleen wil je er niet altijd een gesprekspartner mee lastigvallen. Luister eens naar een radio- of tv-interview, of observeer een gesprek tussen twee mensen zonder eraan deel te nemen. Wees je heel bewust van wat je denkt. Welke gedachten gaan er door je hoofd? Welke oordelen heb je? Waar gaan die oordelen over? Waar ben je met je aandacht? Ben je bij het gesprek, of wellicht bij dat conflict met je partner of je boodschappenlijstje? Heb geen oordeel over je eigen denken, registreer het slechts. Het geeft je informatie over je eigen neigingen. Misschien heb je de neiging af te dwalen, misschien denk je heel vaak: dat heb ik ook of dat zou ik anders doen, of wat een sukkel dat je dáár nou zo mee zit, zeg! Je eigen denken en socratische houding trainen begint met heel scherp zijn op wat je nú doet.

Ik zat een keer in de auto naar de radio te luisteren. De presentator interviewde transgender Loiza Lamers. Die dag werd bekend dat zij op de lijst van mooiste vrouwen stond, volgens FHM *Magazine*. Eerder won zij al als eerste transgender *Holland's Next Top Model*. Dit radio-interview ging dan ook over die FHM-lijst van mooiste vrouwen: hoe vond zij het om daar op te staan? Wat betekent dat voor andere transgender vrouwen? Hoe ziet haar missie er hierna uit om een stem te geven aan transgenders? Tot zover een prima gesprek. Op een gegeven moment haalt de presentator adem en vraagt, uit het niets: 'Enne... hoe is dat nou: voor de eerste keer seks als vrouw?' Ik hing bijna in de vangrail toen ik die vraag hoorde. Ik zat in mijn eentje in de auto en hoorde mezelf roepen: 'Nou ja! Wat een debiel! Wat een kutvraag! Daar gáát het gesprek toch niet over!' Ik werd er echt boos van.

Toen ik afstand nam van mijn eigen denken, kon ik de gedachte 'wat een idiote vraag' pas goed analyseren en mijn boosheid beter begrijpen. Ik werd boos omdat ik die vraag idioot vond. Ik vond dat hij dat niet had mogen vragen. Ik vond dat hij een vraag stelde die op sensatie belust was. Het was geen vraag uit interesse of oprechte nieuwsgierigheid, geen vraag die op dát moment paste in het gesprek. Dat ik daar boos om werd, bewees vooral hoe belangrijk ik het dus vind dat vragen oprecht zijn en verbindend, en niet om sensatie of (leed)vermaak op te roepen bij een potentiële luisteraar. Los van het feit of ik gelijk had of niet, was dat wel een heel zuiver moment waarop ik mijn eigen gedachten kon observeren en letterlijk terughalen. Ik werd er wijzer van. Ik achterhaalde, door mijn eigen strenge oordeel, wat ik zélf belangrijk vind in gesprekken: oprecht contact en vragen stellen die over de ánder gaan en inhaken op zijn of haar verhaal.

Wanneer je je bewust bent van je eigen denken, kun je dat denken ook langzamerhand gaan sturen. Merk je dat je wordt afgeleid, stuur je aandacht terug naar je gesprekspartner. Ben je bezig met je eigen verhaal, maak je hoofd leeg en luister weer aandachtig naar de tekst van de ander. Schiet je in een emotie of oordeel, zoals ik in de auto deed, neem afstand en onderzoek op welke waarden dat oordeel gebaseerd is. Dat vergt veel oefening, concentratie en discipline, maar is een belangrijke voorwaarde voor het stellen van goede vragen.

Socratische houding: verwondering

> Als verwondering een personage was in een verhaal, zou ze verlegen zijn. Ze zou zich terugtrekken bij te veel gebrabbel. Ze zou dichtklappen bij priemende ogen, sarcastisch gezucht hebben en snerende opmerkingen maken. Ze zou een beetje overgevoelig zijn, wellicht, en bij de minste of geringste dreiging van haar aartsvijand 'Oordeel' de benen nemen. Ze zou weten wat ze nodig heeft, maar er niet om durven vragen. Verwondering zou bestaan bij de gratie van de ruimte die ze krijgt, niet wat ze neemt. Ze neemt namelijk niet zoveel. Wanneer ze de tijd krijgt, en de ruimte, nestelt ze zich stevig in een hoek en observeert alleen maar. Ze kijkt, luistert, merkt op en zoekt de leegte in zichzelf om de ander volledig blanco te ontmoeten.

Ook dat zei onze held Socrates al, eeuwen geleden: *wisdom begins with wonder.* Een van de belangrijkste onderdelen van een vragende houding is verwondering. Dat begrip laat zich nog niet zo makkelijk omschrijven. Het woordenboek geeft 'verbazing' als synoniem van verwondering. Volgens mij is er een nuanceverschil. Je verbaast je vooral als er enige mate van verrassing schuilt in een situatie; je had iets niet verwacht en het tegenovergestelde blijkt waar. Je kunt je verbazen over het feit dat je collega tien minuten te vroeg op kantoor is; meestal komt zij namelijk te laat. Verwondering is subtieler. Verwondering is een keuze. Ik kan naar dezelfde situatie kijken, en wel of niet verwonderd raken. De keuze schuilt in de situatie en mijn gedachten erover, of ik de gehele ervaring voor vanzelfsprekend aanneem. Ik ben me er bewust van dat de aarde niet de enige planeet is, dat er meer planeten zijn, dat die allemaal rondom de zon draaien. Dat kan ik weten, én ik kan ervoor kiezen me erover te verwonderen. Hoe bijzonder eigenlijk, al die planeten en hoe klein zijn wij eigenlijk. Toen een van mijn beste vriendinnetjes vertelde dat ze zwanger was, was ik verwonderd. Hoe bijzonder eigenlijk, dat er nu een klein mensje in haar buik groeide. Een mensje dat een eigen karakter zou hebben, eigen ideeën en dat ooit volwassen zou worden. Wonderlijk eigenlijk. Terwijl je er ook naar kunt kijken als een niet zo bijzonder gegeven: er worden zoveel vrouwen zwanger. Het voorbeeld dat je zeker herkent: de wolken. Ik ken, bij wijze van spreken, geen volwassene die niet ooit op zijn rug in het gras heeft gelegen en heeft gedacht: hé, dat is eigenlijk best bijzonder, die wolken. Daar vliegen op dit moment mensen bóven, in een vliegtuig. En ik lig hier. En kijk, die ene wolk daar lijkt op een krokodil met vleugels. Terwijl je op andere dagen onder diezelfde wolken doorloopt en er geen seconde verwonderd bij stilstaat.

Datzelfde principe, kiezen voor verwondering, kan ik toepassen op een alledaagse situatie.

Waar ik normaal snel geneigd zou zijn te labelen, in een hokje te plaatsen, te bepalen, zou ik er ook voor kunnen kiezen om naar die situatie te kijken met verwondering. Een moment van irritatie in contact met mijn moeder, vriendin of geliefde (waarom reageert ze nou weer meteen zo emotioneel, kan ze nou niet gewoon even rustig praten!) kan me meer ruimte opleveren wanneer ik er met oprechte verwondering naar kan kijken. In plaats van me vast te denken in mijn eigen oordelen, ontstaat er ruimte voor oprechte vragen: Wat maakt dat zij in deze reactie schiet? Welke vooronderstellingen liggen er onder haar verwijten? Wat zeg ik vervolgens? Welke aannames heb ik in dit gesprek?

Verwondering is voorbij de vanzelfsprekendheid, de bijzonderheid van de dingen willen zien.

En ervoor kíezen die verwondering in te zetten, toe te laten, te ontwikkelen. Er is al snel te veel rumoer, te weinig tijd, te veel oordeel om verwondering toe te laten. Dat betekent dat wijzelf in eerste instantie een plek voor verwondering moeten opeisen. Het ontstaat namelijk niet vanzelf, het is een beetje roeien tegen de stroom in. Wanneer wij die plek voor haar opeisen, een vruchtbare bodem creëren, wil verwondering zich met liefde in die bodem laten zakken en groeien. Tot ze steeds steviger verankerd is in je binnenste.

Oefening: train je verwonderingsspier

Zoek eens een drukke plek op. Een terras, aan het strand, in een café. Kijk om je heen, zie de mensen, hun details, hun interactie met elkaar. Probeer niet te labelen, maar enkel te observeren en nieuwsgierig te blijven. Wanneer je merkt dat er veroordelingen in je opborrelen ('wat een idiote jas' of 'zij praat echt absurd veel met haar handen') kijk eens of je naar verwondering kunt bewegen. Stel jezelf vragen: Wat zie je aan die jas? Welke kenmerken heeft hij? Wat voor effect hebben de grote gebaren van het meisje op haar gesprekspartner? Wat zouden die gebaren over haar kunnen zeggen? Waarschijnlijk kijk je langer, intenser, met meer oog voor detail. En wellicht ook met meer plezier.

Verwonderingsspier trainen voor gevorderden

Als je je verwonderingsspier redelijk getraind hebt, maken we de situatie moeilijker. Geen vrijblijvende observatie meer, maar je zoekt een situatie op die je nét wat meer raakt. Dwars zit. Irriteert. Je kent vast wel iemand met wie je altijd 'een dingetje' hebt. Jullie reageren op elkaar op een zekere manier, en nog voordat jullie daadwerkelijk met elkaar in gesprek zijn denk je al: daar heb je Piet, dat zal wel weer zus en zo'n gesprek worden. Probeer het volgende contact met 'jouw' Piet eens in te gaan met verwondering als metgezel. In plaats van te denken: daar gaan we weer of dat is weer typisch zo'n suffe opmerking, probeer je in je verwondering te blijven. Wat maakt dat Piet dit zegt? Welke gedachte zou hij nu op dit moment hebben? Wat levert dit gedrag hem op? Dat zijn vragen die wellicht in je opkomen. De crux is wel dat je deze verwondering en deze vragen oprecht moet voelen en menen, anders kan het zomaar tot een soort sarcasme leiden waar je nou net niks aan hebt.

Socratische houding: nieuwsgierigheid, écht willen weten

Dat is meteen het allerbelangrijkst, wil je een fijn gesprek kunnen voeren: dat je überhaupt geïnteresseerd bent in wat de ander te vertellen heeft. Dat je nieuwsgierig bent naar zijn of haar beleving, gedachten, ervaringen. Vaak ontbreekt het ons daar al aan en zijn we stiekem meer geïnteresseerd in onszelf.

Ik had eens een gesprek met een collega die ik mijn ervaring over een bepaalde cursus en een specifieke docent wilde uitleggen. Ik was vrij enthousiast over de cursus en de methode van de docent, dus ik vertelde beeldend over de groep, de methode en over oefeningen die we gedaan hadden. Al vrij snel kwam er een oordeel op tafel. Mijn collega zei: 'Ik snap niet dat die docent dat zo doet! Hij moet garant staan voor veiligheid, dit is didactisch gewoon niet verantwoord!'

Ik betrapte me erop dat ik ging 'ja-maren', verdedigen en overtuigen. 'Ik snap dat dat nu zo lijkt, maar op het moment zelf valt het wel mee. En het heeft ook een functie binnen zijn methode en...'

Toen ik naar huis reed realiseerde ik me wat er gebeurd was. Geen van ons beiden had een oordeel uitgesteld. Sterker nog, zonder volledig geïnformeerd te zijn, oordeelden we erop los. Mijn collega over de cursus en de docent die ik beschreef, en ik over de (in mijn ogen onterechte en overdreven) reactie van deze collega. Het werd me duidelijk wat hier miste: oprechte nieuwsgierigheid. En vanuit daar oprechte vragen. We waren allebei bezig met onze eigen agenda: ik wilde hem overtuigen van de waarde van deze docent en zijn methode, mijn collega wilde mij overtuigen van zijn idee over het gebrek aan respect in die methode. Beiden waren we niet bezig de ander beter te begrijpen, maar met onszelf beter uit te drukken.

Mijn collega had nieuwsgierig kunnen zijn naar de methodiek en mijn ervaring ermee: Waarom gebruikt deze docent die bepaalde interventies precies? Welk effect had die methode op de deelnemers op dat moment? Ik op mijn beurt had nieuwsgierig kunnen zijn naar waarom mijn collega hier zo fel over oordeelde: Wat staat je precies zo tegen in deze interventie? Wat is er volgens jou mis mee? Is een docent altijd verantwoordelijk voor ieders gevoel van veiligheid? Of hebben we daar zelf ook een verantwoordelijkheid in? Ik weet zeker dat we een fijner gesprek hadden gehad als een van ons die stap had gezet. Maar eenmaal aangeland in het moeras van aanval en verdediging, van oordeel en veroordeel, is de weg terug moeilijk te vinden.

De vragende houding ontwikkel je door jezelf te trainen in het ombuigen van oordelen naar nieuwsgierigheid. In een oprechte interesse naar het denken en de belevingswereld van de ander. In het moment zelf gaat dat soms heel snel. Dan denk je vaak achteraf: ik had zus of zo moeten reageren, en dit of dat kunnen vragen. Die momenten achteraf zijn belangrijk: een volgend gesprek met deze specifieke collega maakt mij alerter, en ik zal ervoor waken dat we weer in een moeras van oordelen verzanden. Of het lukt daar helemaal uit te blijven weet ik natuurlijk niet, het is in ieder geval een training.

Je weet het nooit helemaal

Nieuwsgierig blijven betekent dat je erkent dat je iets niet weet. Je weet niet hoe de ander iets heeft ervaren, wat de ander denkt en voelt. De ander is een ander mens dan jij. En ook al heb jij ook een zeurende schoonmoeder, ook een hekel aan te laat komen en ben je ook bang voor je baas, de kans is heel groot dat je uiteindelijk, bij het inzoomen op de ervaring, níét precies hetzelfde dacht en voelde als je gesprekspartner. Bedenk dat de ander altijd de expert is over zijn eigen ervaring. Vaak zijn we veel te snel met 'weten hoe het zit'.

Ik gaf eens een training aan een groep jonge accountants over gespreks- en vraagtechnieken. Hun opdracht was een recente irritatie benoemen, de ander moest uitvragen waar die irritatie 'm nou precies in zat. Ik stond een tijdje bij een duo, Bart en Jair, te luisteren. Bart was recent op vakantie geweest, met het vliegtuig. Hij vertelde: 'We zouden om 14.00 uur volgens schema vertrekken. Iedereen was aan boord, bagage opgeruimd, klaar voor vertrek. Maar er gebeurde niets! De motor startte niet, we vertrokken gewoon niet. Vervolgens hebben we drie kwartier moeten wachten voor we eindelijk gingen vliegen.'

Jair knikte, luisterde, humde wat en zei: 'Ja, dat is heel irritant.' En vervolgens zocht hij naar een vraag. Hij vond er geen een. Ik vroeg hem waarom hij niet op een vraag kon komen.

'Ja, het is wel een helder verhaal eigenlijk. Heel herkenbaar.'

'Weet je alles van Barts ervaring?' vroeg ik.

'Ja, dat is toch gewoon duidelijk. Hij moest wachten, dat is heel irritant.'

'Weet je waarom hij het irritant vond?' vroeg ik.

'Eh.... Nou gewoon, dat kost tijd.'

'Voor jou is het argument misschien 'tijd'. Jij vindt het vervelend dat het je tijd kost, maar wie weet heeft Bart wel een heel ander argument waarom hij die situatie als irritant bestempelt. Misschien heeft hij een andere reden dan 'tijd'. Wellicht ziet hij op tegen het opstijgen, wellicht heeft-ie honger en kijkt hij enorm uit naar de vliegtuigmaaltijd. Je weet het niet écht.'

Toen Jair vervolgens aan Bart vroeg waarom hij deze situatie zo irritant vond, antwoordde Bart: 'Ja, dan zit je drie kwartier zo opgepropt op die stoeltjes, krijg je enorm last van je benen. Dat is gewoon heel oncomfortabel. Had ons dan nog even bij de gate laten wachten op die ruimere stoelen, denk ik dan!'

Hoe klein en onbenullig dit voorbeeld misschien ook is, het toont heel precies aan wat er vaak gebeurt in gesprekken: je denkt het verhaal van de ander te hebben begrepen, je herkent misschien iets van je eigen ervaring en je vraagt niet verder vanuit het idee 'dat het wel helder is allemaal'. Daarmee verlies je meteen interesse in de ander en zijn verhaal. Wanneer je echt nieuwsgierig bent naar het verhaal van de ander, voorbij de anekdote, écht nieuwsgierig bent naar zijn of haar ervaringen, gedachten, gevoelens, oordelen, dan kom je soms achter informatie die je niet had verwacht.

Zo blijkt Jair 'tijd' aan te wijzen als zijnde belangrijk in deze situatie, waar Bart het hele concept tijd niet eens noemt, maar 'comfort' als hoofdthema heeft. Door op die manier door te vragen, geïnteresseerd te zijn in wat er zich in het hoofd van de ander afspeelt, kom je dichterbij. Je kunt je voorstellen dat dit je veel verdieping in je gesprekken oplevert. Je voortdurend realiseren dat je echt onwetend bent over de ervaring en gedachten van de ander, én er tegelijk benieuwd naar zijn, zorgt ervoor dat verdiepende vragen als vanzelf in je opkomen.

Oefening in nieuwsgierigheid: jij bent de oen, de ander de expert
Kinderen zijn het van nature, dieren ook. Waarom wij volwassenen dan toch vaak niet? Omdat we al denken te weten hoe het zit, voordat dat daadwerkelijk het geval is. Daarom de volgende oefening.

Ga eens in gesprek met iemand vanuit de gedachte: ik weet niet hoe dit precies zit en jij weet het wel. Zie de ander als een expert op het gespreksonderwerp. Vind je eigen gedachten, oordelen en meningen eens níét interessant. Wat jij hierover denkt, vindt, weet: het doet er allemaal even niet toe. Bevraag de ander: Wat denkt hij hierover? Wat heeft hij precies ervaren? Heeft-ie meer voorbeelden? Zou het altijd zo zijn? Zou het ook anders kunnen zijn? Hoe dan? Wanneer dan?

Als je dit vaak genoeg doet, merk je dat je vragen nooit 'op' zijn. Zijn je vragen 'op', dan ben je waarschijnlijk weer afgegleden naar 'het wel weten' of 'het ermee eens zijn'.

Socratische houding: moed

Vragen stellen die verdiepen en soms confronteren, zijn niet de gemakkelijkste vragen voor je gesprekspartner. Ze kunnen de ander aan het wankelen brengen, uitdagen, verrassen. De ander moet soms even diep graven, is soms zelf verrast door zijn eigen antwoord. Vragen stellen, en ruimte maken voor het antwoord, vergt moed en kwetsbaarheid. Je weet van tevoren niet of je vraag aankomt, en hóé je vraag aankomt. Je laat een heel stuk controle los. Je vraag kan voor de ander spannend zijn, of confronterend. Je weet niet of de ander antwoord wil geven, of dat je hem of haar in verlegenheid brengt.

We hebben eerder al gezien dat we heel veel vragen níét stellen om ongemak te vermijden. Dat is hartstikke zonde, want hoeveel mooie gesprekken ben jij misschien misgelopen omdat je die ene vraag niet durfde te stellen? Zoals mijn vriendin Nina, die zegt: ‘Wij hebben geen kinderen, maar zijn wel getrouwd en op een leeftijd waarvan mensen vaak verwachten dat we kinderen hebben. Het gebeurt regelmatig dat we mensen ontmoeten, dat de vraag gesteld wordt of we kinderen hebben, en dat wij dan zeggen ‘nee’. Ik merk vaak dat de ander dan even slikt en ongemakkelijk wordt. Je ziet ze denken: ik wil wel doorvragen, maar durf het eigenlijk niet. De paar keren dat iemand wel doorvraagt, heb ik vaak de mooiste gesprekken met mensen. Zonde eigenlijk, dat we vragen die we zouden willen stellen, zo vaak voor ons houden.’

Een goede, spannende vraag, werkt vaak verbindend. In het voorbeeld van Nina wél de vraag durven stellen naar hun leven en het niet-hebben van kinderen, bijvoorbeeld. Als het contact goed is, en de ander wil de vraag aangaan, leg je een bodem voor een heel mooi en waarachtig gesprek. Het is logisch dat je niet alle vragen plompverloren stelt. Maar als we betere, zinvollere, waarachtiger gesprekken willen, zullen we het onszelf toch wat minder makkelijk moeten maken. De kwetsbaarheid en het ongemak aangaan en tóch die spannende vraag stellen. Misschien krijg je een keer het deksel op je neus. Welkom bij de club. Maar eerder werkt je vraag ontwapenend, openend, soms confronterend en zelfs dat is vaak aangenaam.

Het ontwikkelen van moed, en het risico op ongemak verdragen, hoort bij het ontwikkelen van je socratische houding.

Verkeerde presentatie: moed om de vraag te stellen

Monique Linders, leiderschapscoach, vertelde dat ze eens was uitgenodigd om bij de bijeenkomst 'Het nieuwe leidinggeven' aanwezig te zijn. In een klein, donker zaaltje werd er gestart met een powerpointpresentatie. Ze begreep er niks van. Allemaal grafieken en financiële informatie. Wat had dat te maken met een nieuwe manier van leidinggeven? Ze keek om zich heen of ze iets van verwarring op de gezichten van de andere deelnemers kon ontdekken. Niets. Na ruim een kwartier had ze genoeg moed bij elkaar geharkt om haar hand op te steken en aan de presentator te vragen of ze wel bij de juiste bijeenkomst aanwezig was. Ze vertelde me: 'Mijn hart ging als een gek tekeer. Misschien sloeg ik wel een flater en was ik niet slim genoeg om de inhoud van de presentatie te linken aan "het nieuwe leidinggeven". De man die de presentatie gaf begon zenuwachtig in zijn papieren te rommelen. Na een tijdje zei hij schoorvoetend dat hij de verkeerde presentatie had gegeven. Plotseling begon iedereen te roepen: "Ik dacht al, wat is dat een rare presentatie."'

Een goede vraag stellen is wellicht zoiets als van een hoge klif afspringen. Zonder parachute. Je hebt geen idee hoe de landing zal zijn, of je zacht terechtkomt, of je welkom wordt geheten door de bodem onder je. Een goede vraag stellen doe je niet voor jezelf, zodat jij zachtjes en veilig landt. Een goede vraag stellen doe je voor de ander, zodat die door kan, verder beweegt, zijn denken verdiept, de dingen in een nieuw perspectief kan bekijken. Dat cadeau aan de ander betekent soms een pijnlijke smak voor jezelf. Maar die prijs is het wel waard.

Oefening: onderzoek je eigen aarzelen

Denk eens bij jezelf na: Wie zou jij die ene vraag willen stellen? Welke vraag is dat? Wat houdt je erin tegen? Is dat angst voor ongemak? Je eigen onzekerheid? Weet je honderd procent zeker dat je vraag verkeerd gaat vallen? Bedenk eens wat het je mogelijk oplevert als je 'm wél stelt. Je bent er niet voor niets nieuwsgierig naar.

Oefening: voorbij het ongemak tóch die ene vraag stellen

Je gaat 'm wél stellen, die ene lastige, spannende, ongemakkelijke vraag. Als je jezelf in een gesprek betrapt op de gedachte: ik zou nu eigenlijk dit willen vragen maar ik denk dat ik het toch maar niet doe, besluit dan om het wél te doen. Jouw besluit om iets wel te vragen heeft niks te maken met de vrijheid van de ander om je vraag wel of niet aan te gaan.

Dat is de volgende stap, en die stap is aan je gesprekspartner. Maar neem je voor om in ieder geval de eerste stap te zetten richting verdieping en kwetsbaarheid.

Je hoeft niet je vraag plompverloren over de schutting te smijten. Je kunt je vraag inleiden. Bijvoorbeeld door te zeggen: 'Er komt nu een vraag in me op, en ik twijfel of ik 'm zal stellen. Ik vind het een beetje spannend.' En kijk gewoon eens hoe de ander reageert. Of: 'Ik wil je hier graag een vraag over stellen. Mag ik 'm gewoon bij je neerleggen? Dan kun jij bepalen of je 'm wilt beantwoorden of niet. Is dat goed?'

Socratische houding: oordelen, en dat oordeel totaal niet serieus nemen

We oordelen de hele dag door, en dat is maar goed ook. Zonder oordeel kun jij niet kiezen of je pindakaas op je brood wilt of jam. Weet je niet op welke school je kind het best tot zijn recht komt, of je die rode jas moet kiezen of toch liever die blauwe. Je oordeelt, de hele dag door. Oordelen heb je nodig om keuzes te maken:

Om te weten of je bloemkool wilt of broccoli.

Om te weten of je wilt samenwerken met Piet of liever met Hannie.

Om te weten of je deze baan aanneemt of toch liever niet.

Om te weten of je een tweede date ziet zitten of vriendelijk gedag zegt na de eerste.

Om te weten of je moet helpen of loslaten, door moet gaan of stoppen.

Om te weten of wie je bent wel overeenkomt met wie je wilt zijn.

Om te weten welk handelen je veroordeelt en welk handelen je als 'goed' bestempelt.

Je oordeelt om vorm te kunnen geven aan je eigen leven. Oordelen kun je niet níét doen. In de eerste acht seconden bij een nieuwe ontmoeting, oordeel je: ik vind deze persoon aardig en voel me prettig bij hem of haar – of niet. Oordelen is zo menselijk en gewoon als ademhalen. Doen alsof je niet oordeelt is als een vis die doet alsof-ie niet zwemt: nee joh, dit is niet zwemmen. Ik zwem niet. Ik eh... vlieg! Ja. In water. Ik vlieg in water.

Oordelen maakt het leven leuk, spannend, rijk, behapbaar. Daar een rem of censuur op leggen leidt alleen maar tot meer ellende. Je oordeelt, vindt dat je dat niet mag, dus je legt er nog een oordeel overheen. En je voelt je schuldig en ongelukkig. Sta jezelf toe te oordelen. Het gebeurt toch wel. Oordelen is net zo menselijk als eten, drinken, praten, lachen, scheetjes laten, struikelen over een losse stoeptegel. Te doen alsof we niet oordelen of dat niet zouden mogen, niet mens zijn, is vreemd en helpt je niet.

Er is wel een grote maar: we gaan onhandig om met die oordelen van ons. We oordelen te snel, te ongenuanceerd, gebaseerd op halve informatie. En we zijn er veel te veel aan gehecht, we nemen onze oordelen veel te serieus. Als ik eenmaal heb geoordeeld dat Mike een arrogante kwal is, ben ik bijna niet meer te overtuigen van iets anders dan dat. Dat noemen we in de psychologie de *confirmation bias*: het oordeel dat we al gevormd hebben, willen we zo graag bevestigd zien, dat we in een tunnelvisie vervallen en bewijs dat op het tegendeel wijst, willen we maar al te graag negeren.

Sommige mensen zeggen: je mag niet oordelen. 'Je mag niet oordelen' is de mooiste contradictie die er is. De uitspraak 'je mag niet oordelen' draagt de sterkste vorm van oordelen in zich. Meestal zegt iemand zoiets nadat een ander een zogenaamd 'negatief oordeel' heeft uitgesproken. Ik heb nog niemand horen klagen als hij de oordelen 'mooi', 'slim', 'bijzonder' naar zijn hoofd geslingerd kreeg. Als Pietje over Jantje zegt 'ik vind hem de laatste tijd zo lui en laks', weten we niet hoe gauw we moeten zeggen 'je mag niet oordelen, hoor Piet! Misschien is er wel iets aan de hand!' Als Pietje zou zeggen 'ik vind hem de laatste tijd zo actief en betrokken', hoor je gek genoeg niemand zeggen dat Piet niet mag oordelen. We hebben dus niet zozeer moeite met positieve oordelen, maar met negatieve. En dat is natuurlijk vreemd: waarom zouden we wel mogen zeggen dat iemand mooi, slim, aardig, beleefd is en niet dat hij lui, arrogant, betweterig of achterbaks is? In essentie zijn beide uitspraken hetzelfde: een oordeel. Wat dat betreft zijn we, als het op oordelen aankomt, hypocriet. We zeggen 'je mag niet oordelen', maar dat gaat dan alleen om oordelen die we als negatief bestempelen.

We halen veroordelen en oordelen vaak door elkaar. Veroordelen gaat over afkeuren, afwijzen. Oordelen betekent: door redenering tot een gevolgtrekking komen. Dat betekent, dat als jij rationeel, helder en aanwijsbaar kunt onderbouwen waarom Pietje slordig is: hij ruimt zijn bureau niet op, zijn toetsenbord zit onder de koffievlekken, hij komt zijn afspraken niet na, heeft zijn werk niet af, is dat een oordeel. Pietje is slordig, omdat... Zeg je vervolgens 'slordig zijn is verwerpelijk', dan zit je in het hoekje van veroordelen. Maar vaak doen we die twee dingen tegelijkertijd: we zeggen 'Jeetje, wat is Pietje slordig zeg!', waarbij gezichtsuitdrukking en intonatie verraden wat we van die constatering vinden. Daarmee oordelen en veroordelen we tegelijkertijd. Een socratische houding ontwikkelen gaat over het scheiden van die twee: je oordeelt, zo objectief mogelijk, over een situatie. En dat oordeel bevraag je vervolgens vanuit de kernvraag: Is dat zo? Klopt het wat ik hier zeg of denk?

Dát we oordelen en dat vooral blijven doen, juich ik toe. Maar ik pleit wel voor een verantwoordelijkheid om zorgvuldiger met die oordelen om te gaan. Om ze zo objectief mogelijk te maken en er ook direct weer afstand van te kunnen doen. Dat is die perspectivistische lenigheid waar je naar op zoek wilt: je oordeelt, neemt stelling, maar je hecht je er niet aan en kunt twee minuten later het tegenovergestelde onderzoeken. Je realiseert je dat je oordeel precies dát is: jouw kijk op de werkelijkheid. Je realiseert je dat je die kijk juist kunt en moet onderzoeken, dat die een ingang vormt naar jouw onbewuste aannames, vooronderstellingen, mensbeelden. Het maakt je flexibel, lenig en sterk in je denken wanneer je dat doet.

Soms zeggen we: je moet je oordeel uitstellen. Ik betwijfel of dat kan. Oordelen doe je snel, onbewust, voordat je het doorhebt. Uitstellen wat je niet doorhebt is moeilijk, misschien wel onmogelijk. Volgens mij zit de oplossing ergens anders: je oordeel hebben, je er bewust van worden en je ervan distantiëren. Je eigen oordeel registreren, en vervolgens dat oordeel terugtrekken uit het gesprek. Het verdwijnt naar de achtergrond. Je trekt je oordeel terug. Dat is iets anders dan uitstellen. Het is er, je registreert het, en je doet er niets mee. Laat het voor wat het is.

De socratische houding gaat daarover: weet dat je oordeelt, weet ook dat er waarschijnlijk meerdere kanten aan de zaak zitten. Heb een oordeel én durf dat oordeel te onderzoeken, flink ondersteboven te houden en er hard tegenaan te schoppen. Oordeel, gooi dat oordeel in de prullenbak, vis het er weer uit, stof het af en bekijk het van de andere kant. Om het vervolgens alsnog in de prullenbak te kiepen.

Een parabel. Goed of slecht, wie zal het zeggen?

Een prachtig verhaal dat ons iets kan leren over oordelen, het terugtrekken ervan én hoe het ingebakken zit in ons zijn, is dat van de Chinese boer en zijn zoon.

> In een dorpje op het Chinese platteland leefde een boer met zijn zoon. Naast hun hut en hun land was hun enige bezit van waarde een paard. Met dat paard konden ze het land bewerken en verdienden ze een bescheiden boterham. Op een dag brak het paard uit de omheining en rende weg. De dorpelingen kwamen hun medelijden betuigen en zeiden: 'Wat vreselijk! Wat een ramp!' De boer glimlachte en zei rustig: 'Goed of slecht, wie zal het zeggen? Ik weet enkel dat mijn paard is weggelopen.' De dagen erna werkten de boer en zijn zoon weer op het land. Op een dag zagen ze in de verte

hun paard, het dier was teruggekomen en had een kudde van zeven wilde paarden meegenomen.

Die avond waren de dorpelingen enthousiast en blij voor de boer. Ze brachten hun gelukwensen over: 'Wat een mazzel, wat een geluk! Zoveel paarden, zoveel bezit!' Maar de boer glimlachte rustig en zei: 'Goed of slecht, wie zal het zeggen? Ik weet enkel dat mijn paard terug is en zeven andere paarden heeft meegenomen.'

De volgende dag wilde de zoon van de boer een van de nieuwe paarden temmen. Hij sprong op zijn rug en het paard bokte net zolang tot de zoon met een flinke smak op de grond viel. Zijn beide benen waren gebroken. De dorpelingen klaagden die avond ach en wee en kwamen de zoon en de boer hun medelijden tonen. 'Wat een ramp! Deze jongeman, beide benen gebroken. Pure ellende!' De boer glimlachte rustig en zei: 'Goed of slecht, wie zal het zeggen? Ik weet enkel dat mijn zoon zijn beide benen gebroken heeft.'

De dag erna kwam er een bericht van het leger. Er stonden twee soldaten op de stoep. Er was oorlog uitgebroken en alle mannen die fit genoeg waren, moesten zich onmiddellijk melden. Toen ze de toestand van de jongen zagen, werd hij overgeslagen. De boer glimlachte rustig...

Het verhaal van de boer en zijn zoon gaat natuurlijk over dingen als 'wachten hoe iets uitpakt', 'je weet nooit waar het goed voor is' en 'geluk bij een ongeluk'. Dat is wat het perspectief van de boer ons laat zien. Een stoïcijnse, verlichte houding, die we niet allemaal zomaar aannemen.

Wat de dorpelingen laten zien komt ons veel bekender voor. Dat gaat over de snelheid waarmee we iets in een vakje willen stoppen. Is het een ramp of is het goed nieuws? Is het goed of slecht? Levert het iets op of kost het iets? Soms is het bijna obsessief, hoe snel we zaken, feiten, gebeurtenissen, gedrag in een hokje willen stoppen.

Verwondering, nieuwsgierigheid en verdiepende vragen hebben het nodig dat we die neiging onderdrukken. Dat we ons realiseren dat we doorgaans niet goed genoeg geïnformeerd zijn om ergens direct een oordeel over te hebben. Dat we, net als de boer, ons oordeel even terughouden. Even in de ijskast stoppen. Morgen is dat oordeel ook nog goed bruikbaar. Misschien is het tegen die tijd van vorm of kleur veranderd, of heeft het kunnen groeien of meer kunnen rijpen. Want wie weet welke informatie zich in de tussentijd nog aandient.

Hoe oordeel je zorgvuldiger?

Zorgvuldiger oordelen is makkelijker gezegd dan gedaan. Je hoort of ziet iets, je collega maakt een opmerking, je baas stelt je een vraag, je hoort een verhaal van een vriendin, en voordat je het weet heb je het al in een hokje gestopt, er een sticker op geplakt. Dat is jouw oordeel, vaak zegt het meer over jouw waarden en mensbeeld dan over de daadwerkelijke situatie. Hoe kun je nu voorkomen dat je te snel oordeelt?

Een inspirerende filosofie die je helpt bij het terugtrekken van je oordeel, is die van de stoïcijnen.

Tegenwoordig heeft het woord 'stoïcijns' een beetje een nare bijsmaak: emotieloos, onbeweeglijk, ongenaakbaar. Dat is jammer, want de stoïcijnse filosofie is zoveel meer dan dat.

De stoïcijnen danken hun naam niet aan zogenaamd emotieloos zijn, maar aan de zuilengang, de 'stoa', waarin in het oude Griekenland vaak werd gefilosofeerd. De stoïcijnse filosofie is een praktische filosofie, die oproept tot focus op datgene waar je controle over hebt, en loslaten waar je geen controle over hebt. Het resultaat daarvan is gemoedsrust. De stoïcijnen hadden verschillende concrete oefeningen en meditaties voor het ontwikkelen van een deugdelijk leven. Het stoïcisme kende verschillende perioden met diverse filosofen die de filosofie beïnvloed hebben.

Epictetus, een van de belangrijkste filosofen van het stoïcisme, schrijft in zijn zakboekje over dagelijkse zaken, waaronder onze neiging tot oordelen. Hij nodigt uit tot enkel waarnemen, zonder oordelen.

> Neem eens aan dat iemand zich snel wast. Zeg dan niet dat hij een verkeerde manier van wassen heeft, maar alleen dat hij dat snel doet. Iemand drinkt veel wijn. Zeg dan niet dat hij een slechte drinkgewoonte heeft, maar alleen dat hij veel drinkt. Want hoe kun je weten dat hij slecht handelt, als je zijn beweegredenen niet precies kent? En het resultaat is dus dat je in sommige gevallen indrukken ontvangt waarvan de waarheid evident is, en dat je in andere gevallen er nog even over nadenkt.
>
> – Epictetus, *Zakboekje*

In zijn boek *Hoe word je een stoïcijn?* doet de hedendaagse schrijver Massimo Pigliucci er nog een schepje bovenop:

Het komt erop neer dat we onderscheid moeten maken tussen feitelijkheden – waaraan we instemming kunnen verlenen als we ze door de waarneming bevestigd zien – en oordelen, waarvan we ons over het algemeen moeten onthouden, omdat we gewoonlijk over onvoldoende informatie beschikken.

Oefening: je oordeel registreren

Iedere dag opnieuw zijn er talloze momenten waarop je zorgvuldiger oordelen kunt trainen. De trein die je net gemist hebt, je snerende collega, een botte voorbijganger: allemaal zaken die uitnodigen tot 'er iets van vinden'. Realiseer je dát je er waarschijnlijk een label op plakt. Vraag jezelf in die situaties af: Wat vind ik hiervan? Hoe noem ik deze situatie, of deze persoon in één of twee woorden? (Bijvoorbeeld stom, fijn, arrogant, ongeduldig, mooi, lelijk, te snel, te langzaam.)

Daarmee leer je conceptualiseren wat je denkt en ziet, en je neemt afstand van je eigen denken.

Registreer ook of je je eigen denken veroordeelt: ik mag dit niet stom vinden of het valt best mee, ik moet niet zo denken.

Oefening: perspectivistische lenigheid oefenen

Ben je je bewust van de oordelen die zich aan je opdringen, en kun je die helder verwoorden zonder daar dan meteen de rem op te trekken, dan ben je klaar voor een volgende stap: perspectivistische lenigheid opzoeken en oefenen. De eerstvolgende keer dat je in een situatie komt waarin je merkt dat je een sterk oordeel hebt, neem even de tijd voor de volgende oefening:

1. Schrijf je oordeel uit. Wat dacht je letterlijk?
2. Beschrijf de situatie die eraan ten grondslag lag, ook letterlijk.
3. Bedenk drie oordelen die iemand in exact dezelfde situatie ook zou kunnen hebben.
4. Bedenk per oordeel een argument dat dat oordeel ook ondersteunt.
5. Zie hoe ook die andere oordelen 'waar' zouden kunnen zijn. Alleen dat biedt je al wat ruimte en lucht in je hoofd en zorgt voor andere perspectieven.

Bijvoorbeeld:

1. Gedachte: daar gaat Nanda weer met haar geklaag.
2. Situatie: Nanda stond bij de koffieautomaat te praten met Joachim. Ze zei: 'Ik heb het heel erg druk en kom eigenlijk al tijd te kort voor deze klus. Gisteren moest ik overwerken en kon ik mijn kind niet ophalen, daar baalde ik echt van.' Ze trok daarbij haar mondhoeken naar beneden en haar stem ging omlaag.
3. Mogelijke oordelen die iemand zou kunnen hebben, in exact deze situatie:
    1. Nanda vertrouwt Joachim genoeg om haar verhaal te delen.
    2. Nanda heeft het nodig om over haar zorgen te praten.
    3. Nanda klaagt en dat moet ze lekker zelf weten.

Oefening: word een stoïcijn – oordeel objectief

Met Epictetus' woorden in je achterhoofd, train jezelf in stoïcijn-zijn: blijf bij de feiten. Registreer het oordeel dat je hebt. Benoem het feit waar dat oordeel over gaat. Realiseer je het verschil tussen de twee.

> Bijvoorbeeld:
> OORDEEL: hij had zijn blouse weleens mogen strijken.
> FEIT: Harms blouse ziet er ongestreken uit.
> Een mooie tussenstap is dat oordeel bevragen. In dit geval kun je vragen: van wie had Harm die blouse weleens mogen strijken? Het antwoord kan alleen maar zijn: nou gewoon. Van mij. De volgende vraag ligt dan voor de hand: wie ben ik om voor Harm te bepalen dat hij zijn blouse moet strijken? Zeer waarschijnlijk ben je niet iemand die dat voor Harm bepalen kan.

Het verschil tussen observeren en interpreteren.
Jaren geleden werkte ik een tijd lang als paardeninstructeur en deed ik coaching met paarden. Coaching met paarden is een mooie manier om gespiegeld te worden in je eigen gedrag, overtuigingen en energie. Paarden spreken geen Nederlands maar zijn uitmuntende vertalers van onze lichaamstaal. Mensen werkten met een van mijn paarden, kregen opdrachten in de bak en daarna reflecteerden we. Een van de eerste opdrachten die ze eigenlijk altijd moesten doen was observeren. Ik vroeg ze alleen maar aan de rand van de bak te gaan staan en stelde de vraag: wat zie je? En bijna altijd volgden er antwoorden als: hij is nieuwsgierig, hij is bang, hij heeft er geen zin in want hij kijkt weg, hij heeft honger want hij kauwt op een grasssprietje.

Mensen die ik lesgaf met hun eigen paard kregen deze opdracht ook maar, omdat ze hun paard al langer kenden, deden ze er in hun antwoord nog een schepje bovenop: ze is nu gewoon eigenwijs, maar dat doet ze wel vaker. Ze is verlegen omdat jij erbij bent. Hij hoort nu van alles wat hij spannend vindt, zie maar, zijn oren bewegen heel snel alle kanten op.

Zelden deden mensen meteen wat werkelijk de bedoeling was, namelijk objectief observeren en benoemen wat je ziet. Vrijwel niemand zei tijdens die eerste opdracht dingen als: het paard loopt naar links. Het paard kijkt in de verte. Hij hapt aan een plukje gras. Hij beweegt zijn oren naar achteren. Nadat ik ze het verschil uitlegde tussen observeren en interpreteren, viel vaak het kwartje. Ik vroeg ze dan: is dit wat je objectief ziet, of gedrag dat jij interpreteert? Wanneer we heldere observaties konden doen, werd het ook mogelijk om er een zuiverder interpretatie aan te hangen. Die interpretaties waren eigenlijk eerder hypotheses: veronderstellingen die niet bewezen zijn. Je wéét immers niet zeker of het paard onrustig, bang of boos is. Je kunt hooguit zeggen: dit gedrag maakt op mij een onrustige indruk.

Ik kwam er gaandeweg achter dat wat ik met die paarden aan het doen was, exact zo werkte met mensen. Ook daar is het heel moeilijk om in de observatie te blijven, en vliegen de interpretaties je om de oren als duiven op de Dam. Het ontwikkelen van een socratische houding betekent je ogen en oren trainen op objectief waarnemen en luisteren, zonder je hersenen ertussen te laten komen met jouw verhaal.

Oefening: observeren in plaats van interpreteren
Observeer eens iemand die je niet kent. Een druk terras of plein, waar je van een afstandje een tijdje naar iemand kunt kijken zonder dat het opvalt, leent zich er goed voor. Observeer en benoem letterlijk wat je ziet. Zie je een ruzie (interpretatie) tussen twee mensen, observeer dan letterlijk: ze zwaait met haar rechterarm, ze trekt haar mondhoeken naar beneden. Hij kijkt naar boven, zucht en roept 'dat zég ik toch!'

Ze hebben ruzie, is een logische conclusie, en misschien hartstikke waar. Maar hoe vaak trekken we niet een conclusie die er nét naast zit? Dan observeren we onze gesprekspartner en denken: jij bent boos of jij bent een eikel. Objectief observeren helpt je afstand te nemen, en je uiteindelijke oordeel wordt er doorgaans beter van.

Socratische houding: het niet-weten leren verdragen (en zelfs omarmen)

Het oefenen van een socratische houding betekent dat je dat wat je denkt zeker te weten, zo sterk bevraagt, dat je het uiteindelijk helemaal niet meer zeker weet. Je traint je zogezegd in niet-weten. Pas wanneer je niet-weet, is er ruimte voor nieuwe, ware kennis. Constant het randje van jouw zeker-weten opzoeken, levert je op dat je nieuwe ontdekkingen kunt doen.

Een filosoof die je meer kan leren over radicale twijfel is Descartes. Descartes (1596-1650) is het meest bekend van zijn uitspraak: ik denk, dus ik ben. In zijn zoektocht naar iets wat hij absoluut zeker kon weten ontwikkelde hij de 'methodische twijfel'; hij besloot te twijfelen aan alles waaraan je mogelijk kunt twijfelen. Als je alles weglaat waaraan getwijfeld kan worden, houd je volgens Descartes alleen datgene over dat noodzakelijk waar is.

Volgens Descartes begint ware kennis bij radicale twijfel aan alles wat we denken te weten. Descartes had als doel ware kennis op te doen. Hij ging in zijn stoel zitten, en begon 'methodologisch' te twijfelen: systematisch heeft hij al zijn overtuigingen bevraagd. Dingen waar hij zeker van was, probeerde hij met tegenargumenten onderuit te halen. Hij heeft zich (stel ik me zo voor) voor een knapperend haardvuurtje geïnstalleerd en is gaan nadenken, op zoek naar iets waarvan hij zéker kon weten dat het waar was.

Ik weet zeker dat ik in deze stoel zit, dacht hij op een gegeven moment. Mijn zintuigen laten me dat immers weten. Maar zelfs daaraan begon hij te twijfelen. Zijn de zintuigen die als bewijs dienen dat jij in die stoel zit, immers niet dezelfde zintuigen als waarmee je droomt? En kan een droom niet levensecht lijken? En houden je zintuigen je niet ook regelmatig voor de gek? Hoe vaak dacht je iets te horen dat er niet was? Heb je weleens je telefoon voelen trillen terwijl hij niet in je broekzak zat? Oké, dat laatste heeft Descartes niet gezegd, maar hij zou het als argument hebben kunnen gebruiken als hij nu naast je had gestaan. Zintuigen bestempelde Descartes als niet de meest betrouwbare bron van kennis.

Er was één ding waaraan hij onmogelijk kon twijfelen, en waar hij uiteindelijk op uit kwam, zittend in zijn stoel bij het haardvuur. Hij wist zeker dat hij nadacht. Hij was gaan twijfelen en wist zeker dát hij twijfelde. Van welke kant hij het ook bekeek, er was een 'denkend iets'. Daaruit ontstond zijn beroemde *cogito ergo sum*, oftewel: Ik denk dus ik ben. In het ontwikkelen van een vragende, socratische houding kunnen we ons goed laten inspireren door Descartes. Als je heel aandachtig kijkt, en al je zekerheden onderzoekt met als doel eraan te twijfelen, dan blijkt dat je amper iets daadwerkelijk zeker kunt weten.

Oefening: twijfel erop los!

Bedenk eens iets waarvan jij absoluut zeker bent. Welke overtuiging is voor jou absoluut waar?

Schrijf die overtuiging op. Stel jezelf vervolgens de vraag: is dit wel absoluut waar? Beantwoord die laatste vraag met: ja, dit is absoluut waar, want... Schrijf vervolgens al jouw argumenten voor die overtuiging op; welk bewijs heb je? (En 'dat is gewoon zo', of 'zo voel ik dat' is geen bewijs!) Schrijf vervolgens de beste argumenten tégen jouw overtuiging op. Nee, dit is niet waar, want... Wat zou iemand zeggen die het niet met je eens is? En op welk punt moet je die ander gelijk geven?

Aan welk stukje van jouw overtuiging kun je twijfelen? Kijk nog eens naar je eigen overtuiging. Als het goed is, is er door deze oefening meer ruimte ontstaan. Is je overtuiging iets losser, niet vastgeroest, net even wat luchtiger dan hiervoor. Boezemt je dat angst in? Dat kan. Dat is in ieder geval informatie: blijkbaar hang je nogal aan je overtuigingen, én aan 'iets zeker weten'.

Wu Wei en niet-weten

De taoïsten kennen een concept dat ze *Wu Wei* noemen. Wu Wei wordt vertaald als de kunst van het niet-doen. Veel mensen verwarren het met simpelweg niets doen. Passief. Maar dat is Wu Wei niet. Taotrainer Reinoud Eleveld legt uit dat Wu Wei niet betekent dat je niets doet. Dat is niet per se een kunst; je doet gewoon niks en er gebeurt dus ook niks. Wu Wei, de kunst van het niet-doen, staat niet voor niets doen, maar kan net zo goed tot actie leiden. Eleveld legt het uit aan de hand van 'het omstanderssyndroom':

> Stel je voor: op een druk punt in de stad valt een oude man in de gracht. Mensen die het niets doen praktiseren blijven op zo'n moment kijken naar hoe de man in de problemen is en misschien zelfs zal verdrinken. Dit illustreert het zogeheten 'omstanderssyndroom': niemand doet iets. Iedereen wacht op de ander om in te grijpen. Intussen verdrinkt de persoon in nood, terwijl veertig mensen staan toe te kijken.
>
> Het omstanderssyndroom is herkenbaar in veel maatschappelijke situaties. We zouden wel willen dat de aarde minder opwarmt, maar we doen niets om in te grijpen in de klimaatverandering. We zouden wel willen dat minder kinderen in de jeugdprostitutie terechtkomen, maar we doen niets om dat te bewerkstelligen. We zouden wel willen dat we minder verbrandingsmotoren gebruiken, maar we rijden ondertussen gewoon door in onze auto's. Terug naar het voorbeeld: iemand die contact heeft met Wu Wei, met de kunst van het

> niet-doen, doet iets heel anders wanneer hij of zij een man in het water ziet vallen. Zo'n man of vrouw springt zonder enige aarzeling, zonder zich bezorgd te maken over dure schoenen of kleding, in het water en zal vervolgens proberen de man in nood aan wal te helpen.
>
> Opvallend is dus dat iemand in contact met Wu Wei zonder een spoortje twijfel handelt. Hij of zij grijpt in en steekt zonder zelfbelang de ander een helpende hand toe, in tegenstelling tot iemand die de kunst van het niets doen beoefent en inderdaad niets doet – niets! Wu Wei gaat in essentie om het vermogen te handelen zonder inmenging van het ego, zonder wilskracht, zonder na te denken. Het is een puur handelen, vanuit instinct, natuurlijkheid, voortreffelijkheid en wijsheid. Dit handelen heet niet-doen, omdat het ego of de persoonlijkheid dus inderdaad niets doet – het observeert wellicht, maar neemt geen initiatief.

In het onderzoeken van concepten als 'twijfel' kunnen we iets leren van Wu Wei en de kunst van het niet-doen. Wij kunnen de kunst beoefenen van het niet-weten. En dat is iets anders dan twijfelen. Ik denk dat in het ontwikkelen van een vragende houding het concept van niet-weten je kan helpen, meer dan twijfelen.

Twijfelen en niet-weten lijken op elkaar, zoals Wu Wei en 'passief niets doen' op het eerste gezicht op elkaar lijken. Niet-weten en twijfelen: in beide gevallen weet je iets niet. Het verschil zit 'm erin dat twijfelen een onzekerheid met zich meebrengt, en niet-weten een steviger, bewuster ervaring is. Twijfelen is familie van niet-weten. Zeg maar, het neurotische zusje. Zoals Wu Wei een pure vorm van handelen is, vanuit rust, en niets doen met ego te maken heeft, zo kun je ook kijken naar twijfelen en niet-weten. Wanneer je twijfelt, ben je verweven met de inhoud waarover je twijfelt.

Niet-weten heeft afstand, doet een stapje terug.

Niet-weten observeert zonder iets te willen, twijfel kijkt en hoopt op een einde.

Niet-weten gaat over bewust de zekerheid verlaten, twijfelen gaat over zoeken naar zekerheid.

Niet-weten opent, twijfelen klampt vast.

Niet-weten kijkt met rustige ogen, de ogen van twijfel schieten heen en weer.

Niet-weten staat stil en ervaart, twijfel beweegt en zoekt.

Niet-weten heeft een weidse blik, twijfel een vernauwde.

Niet-weten is geduldig, twijfel wil graag een antwoord.

Niet-weten is verbonden met zichzelf, twijfel zoekt naar iets buiten zichzelf.

Niet-weten wil niks oplossen, en kan zichzelf verdragen, twijfel wil zichzelf graag oplossen en vooral niet bestaan.

Niet-weten wordt geboren uit kalmte en vertrouwen, twijfel uit angst.

Twijfelen gaat over doen, niet-weten over laten.

Niet-weten biedt je een warm thuis, bij twijfel is de cv permanent kapot.

Stel, je zit in een vergadering. Een vergadering waar beslissingen genomen moeten worden, knopen doorgehakt. Natuurlijk komt deze vergadering op dit tijdstip helemaal niet uit, heb je nog honderd andere dingen te doen, duurt-ie waarschijnlijk veel te lang. Maar die beslissing moet nu genomen worden, argumenten moeten ter tafel en opties besproken. En dat je dan, voordat je dat proces ingaat, tegen elkaar zegt: laten we het eens even vijf minuten niet weten. En dat dit een gewoonte wordt, een bedrijfscultuur. Wat zou er dan kunnen gebeuren?

Of stel: een gezin waar tijdens het eten meestal druk gekibbeld wordt. Dit keer wil dochter naar een feestje ergens in Verweggistan, ouders vinden dat niet zo'n prettig idee en broerlief heeft ook geen zin om zijn zusje midden in de nacht te gaan halen. Wat als je, midden in de chaos van alle argumenten, boosheid en frustraties, besluit om het even met z'n allen niet te weten en daar helemaal oké mee te zijn?

Wellicht gaat ieder voor zich wat zitten nadenken, ideeën en gedachten worden op een papier gekrabbeld, voor- en tegens worden in hoofden zorgvuldig afgewogen. Of een standpunt dat al was ingenomen wordt opnieuw getoetst, of juist bevestigd, maar met meer argumenten dan daarvoor. De ander met een scherpe mening ontbreekt in die vijf minuten, je bent even alleen met je eigen denken en niet-weten, dus tegen elkaar aanduwen lukt niet. Wat blijft er over als je verplicht moet stilstaan en jezelf laat zakken in niet-weten?

Dit scenario van 'gewoon even vijf minuten niet-weten' kwam eens ter sprake op de redactie van mijn uitgever, gewoon als fantasie. 'Dat zou eigenlijk wel heel mooi zijn,' zei iemand. Een ander vulde aan: 'Ja, en voor mij ook wel een opluchting. Heel vaak zeg ik namelijk gewoon eerst maar wat, een mening waarvan ik denk dat ik er wel achter kan staan, maar eigenlijk ben ik het vaak achteraf, na de vergadering, al niet meer met mezelf eens.'

Socratische houding: empathie, doen we even nie

Wanneer je scherpe vragen wilt stellen die het denken (van jezelf of de ander) in beweging zetten, heb je weinig aan empathie. Je wilt je empathisch vermogen eerder uít dan aan hebben, wil je een goede vraag formuleren. Empathisch vermogen uitzetten staat in veel kringen en trainingen zo ongeveer gelijk aan de doodstraf: moeten we niet juist allemaal heel empathisch luisteren? Voordat je dit boek verbijsterd dichtklapt, in de hoek gooit en verontwaardigd roept dat empathie de beste uitvinding is sinds gesneden brood – houd vol. Geef dit idee heel even het voordeel van de twijfel. Kun je meteen je verwonderde, nieuwsgierige houding trainen.

Allereerst: wat is empathie? Waar is het goed voor? Empathie is een woord dat op meerdere manieren gebruikt wordt, maar doorgaans wordt ermee bedoeld: het vermogen om jezelf in een ander in te leven. De wereld te ervaren zoals de ander 'm ervaart, in ieder geval zoals jij dénkt dat de ander de wereld ervaart. Empathie is *to put yourself in the other person's shoes*, zogezegd. Op het eerste gezicht vraag je je misschien af: wat kan daar nou mis mee zijn, jezelf in de ander verplaatsen? Het levert toch op dat ik de ander beter begrijp?

Ja, zeker. Het is niet wonderlijk dat empathie veel fans heeft. Maar empathie is ook je grootste vijand als je juist afstand wilt bewaren, goed doordachte morele keuzes wilt maken, en als je – jawel – verdiepende vragen wilt kunnen stellen.

Paul Bloom, een Amerikaanse psycholoog aan Yale University, schreef een boek tegen empathie: *Against Empathy*. Hij schrijft in een artikel op *Boston Review*:

> Wanneer mij gevraagd wordt waar ik aan werk, zeg ik vaak dat ik een boek over empathie aan het schrijven ben. Dan glimlachen en knikken mensen meestal, en voeg ik toe: 'Ik ben erop tegen.' Waarop een ongemakkelijk lachje volgt. Deze reactie verbaasde me in het begin, maar ik begon me te realiseren dat tegen empathie zijn zoiets is als vertellen dat je kittens haat – zo'n raar statement dat het alleen maar opgevat kon worden als een grap.

Bloom legt uit dat hij niet tegen moraliteit, compassie, aardig zijn, liefde, een goede buur zijn, het goede doen of de wereld een betere plek maken is. Sterker nog, hij bepleit het zelfs maar raadt je af dat met empathie te willen doen: als je een goed mens wilt zijn en goed wilt doen, is empathie een slechte raadgever, aldus Bloom.

Volgens Bloom is empathie in theorie een goede stok achter de deur om iemand te helpen en iets goeds te doen. Alleen, zo werkt de praktijk niet. Uit onderzoek blijkt dat we meer empathie voelen voor mensen in onze eigen sociale groep: mensen die op ons lijken, mensen die erg knap zijn, of jonge kinderen. Onze empathie is dus ontzettend bevooroordeeld.

Bloom maakt een onderscheid tussen *cognitieve* en *emotionele empathie*: je verstand gebruiken om jezelf te verplaatsen in de geest van een ander kan heel nuttig zijn. Hij geeft een voorbeeld van een arts die een slechtnieuwsgesprek voert: die dient natuurlijk in te schatten welke impact zijn of haar bericht zal hebben op de patiënt. Dat is een beredeneerde inschatting, een verstandig gebruik van sociale intelligentie. Maar emotionele empathie is een ander verhaal. Moet de arts zich ook emotioneel invoelen in de patiënt? Bloom zegt van niet: die arts zou zo overstuur raken dat hij of zij geen operatie meer kan uitvoeren. In situaties waar het gepast is een zekere afstand te bewaren – zoals bij het vellen van morele oordelen – zijn onze directe emoties slechte raadgevers. Morele oordelen zijn niet gebaat bij empathie, maar bij rationele reflectie.

In zijn boek en artikelen pleit Bloom voor een alternatief voor emotionele empathie: *non-empathetic compassion*, oftewel niet-empathische compassie. Op de lange termijn levert dat volgens hem veel meer op. Het probleem met emotionele empathie, het voelen van andermans pijn, is dat het je vermogen tot objectief beoordelen enorm beïnvloedt.

Stel je voor dat de partner van je beste vriend is overleden. Een grote empathische reactie zou zijn om die pijn mee te voelen. De paniek, het verdriet, zo goed als je kunt, te spiegelen. Het is maar de vraag of je vriend daar wat aan heeft, en jijzelf ook. Compassievol blijven levert je meer op: je biedt hulp en steun, zonder jezelf te verliezen in het letterlijke mee-lijden. In situaties waarbij enige afstand gepast is, of handiger, omdat je door die afstand overzicht bewaart, minder wordt meegezogen in een verhaal, beter kunt luisteren en analyseren, heb je dus weinig aan empathie. Het stellen van goede, verdiepende vragen, vragen die over de ander gaan en niet over jou, vragen die concepten blootleggen, moeten confronteren of om meer details vragen, is precies zo'n 'empathie – doe maar even nie'-achtige situatie. Je houdt empathie even buiten de deur, juist omdat je begaan bent met (het verhaal van) de ander.

In het socratisch gesprek heet dat 'de empathische nulstand'. Je schakelt je neiging om letterlijk mee te voelen, mee te lijden, uit, om zodoende afstand te bewaren en kritische vragen te kunnen stellen. De empathische nulstand is het vermogen om emoties en uitingen ervan te registreren, zonder ze te bevestigen of ontkennen. Wanneer je tijdens een gesprek in je empathie schiet, en hulp biedt, een tip geeft, een eigen ervaring deelt, dan stopt de beweging van het denken. Wanneer het je lukt om in de empathische nulstand te blijven, dan schep je ruimte voor de ander om bij zijn eigen denken te blijven en dat te verdiepen. Een groter cadeau kun je iemand soms bijna niet geven. De empathische nulstand zorgt ervoor dat je kunt volharden in je vraag. Je neemt als het ware wat afstand van je gesprekspartner en de inhoud, waardoor je kunt zien welke vraag nu verdieping oplevert, de ander uitdaagt en verder helpt met denken. Dat gaat natuurlijk samen met goed, zuiver luisteren, daar komen we later nog uitgebreid op terug.

De empathische nulstand in het socratisch gesprek

Socrates was een meester in het uitschakelen van zijn empathisch vermogen. In zijn gesprekken vroeg hij stug door naar feiten, argumenten en veronderstellingen. De ander werd nogal eens onrustig, boos van die empathische nulstand van Socrates, of voelde zich beschaamd. Die dacht gesust te worden met 'ik begrijp wat je bedoelt' en 'goh wat rot'. Net als wij tegenwoordig op dat soort reacties rekenen, en niet op kritisch bevraagd worden. Juist door niet empathisch te reageren, kwam een gesprek met Socrates verder. Werd er werkelijk nagedacht, kregen begrippen een andere, diepere betekenis en ontstond verdieping en was er ruimte voor nieuwe inzichten. Zou Socrates vooral empathisch hebben gereageerd op zijn gesprekspartners, 'Oh, je bent van streek zie ik, he bah, nu voel ik me toch ook wel rot. Zullen we een drankje doen?', dan hadden we de rijkdom van zijn dialogen moeten missen.

En toch gaat het in het dagelijks leven vaak zo: vanuit onze zelfopgelegde opdracht om empathisch te zijn, voelen we heel mooi mee met de ander, maar dat gaat ten koste van de goede vragen. Soms is je gesprekspartner meer geholpen met een kneitergoede vraag dan met een meelevend klopje op een schouder.

Begin je een beetje te zien wat empathie je kan kosten? En wat de empathische nulstand je kan opleveren?

De empathische nulstand in de praktijk: Henriët en haar filosofisch denkconsult.
In mijn filosofische praktijk komen mensen die een voor hen belangrijke levensvraag willen onderzoeken. Dat zijn vaak vragen waar mensen al een poos mee rondlopen, ze hebben

er zelf vaak al lang en veel over nagedacht maar komen er niet helemaal uit. Samen onderzoeken we die vraag en alle andere vragen en vooronderstellingen die eraan ten grondslag liggen. Feitelijk komt het erop neer dat ik de vragensteller in kwestie lastigval met nog meer meedogenloze vragen.

Vragen die prikkelen, aan het denken zetten, verontrusten soms. Het doel is nooit om iemand de afgrond in te duwen of zijn eigen tegenspraak onder zijn neus te wrijven. Het doel is samen wijzer te worden. Wijzer worden over wat je nu eigenlijk denkt en waar je dat denken op baseert. Vanuit de empathische nulstand kijken we samen naar de logica van het geheel. Klopt het wel wat je daar denkt? Is het logisch? We ontwarren de kluwen gedachten waar iemand in verstrikt is geraakt. We ontwarren hoe de ene gedachte gebaseerd is op de andere, kijken naar vooronderstellingen achter uitspraken en bevragen oordelen en aannames. Het analyseren van wie je bent en wat je denkt, is precies wat er moet gebeuren in zo'n gesprek. 'Ken uzelf,' zei Socrates al. Dat betekent ook de lelijke, niet fraaie, schaamtevolle delen van jezelf erkennen. Letterlijk in een spiegel kijken: zo helder als maar kan, bloedeerlijk kijken naar wie je bent en wat je denkt. En niet de rozebrillenspiegel die we onszelf doorgaans voorhouden: die spiegel waarin we onszelf mooier voordoen dan we zijn, waarin we een mooier naampje kiezen voor een eigenschap die we eigenlijk niet willen hebben.

'Ken uzelf' betekent dat je erachter komt dat je soms egoïstisch bent, bot, een kreng of een klootzak, dat je soms discrimineert, onredelijk bent, vals, manipulatief. Al die labels die we zo gemakkelijk op een ander plakken en liever niet op onszelf. Pas als je radicaal eerlijk naar jezelf kunt kijken, heb je écht iets in handen om aan te pakken. Dan laat je je niet verleiden tot schijnoplossingen, feelgoodmantra's: ik ben echt waardevol en bijzonder. En tot pleisterovertuigingen: ik mag meer mijn eigen waarheid delen.

Henriët wilde graag zo'n filosofisch consult. Ook zij had last van een probleem waar ze niet helemaal uitkwam. Henriët liep tegen de zestig en was docente levensbeschouwing op een middelbare school. Haar beginvraag luidde: discrimineer ik? Een spannende, niet-alledaagse vraag. Het vergt moed om jezelf deze vraag te durven stellen, en nog meer om deze vraag te onderzoeken met iemand anders in een filosofisch gesprek. Je weet dat daar de meedogenloze waarheid telt: in een filosofische praktijk vind je geen empathie. Je wordt geconfronteerd met wat je werkelijk denkt en of je daar bewijs voor hebt. Het antwoord zou zomaar 'ja' kunnen zijn: ik discrimineer. Dat werkelijk onder ogen zien is hartstikke spannend en pijnlijk.

Meestal verdoezelen we dergelijke gedachten met pleisters als 'het valt vast wel mee' of 'iedereen denkt weleens iets waar-ie eigenlijk niet achter staat'. In de filosofische praktijk doen we niet aan verdoezelen en pleisters plakken: we sporen je werkelijke, onbewuste gedachten, oordelen, aannames en vooronderstellingen op. Om ze vervolgens kritisch te bevragen.

Henriët wilde dit idee over zichzelf onderzoeken, maar dat was in het begin niet luchtig of makkelijk: er zat een hoop zelfcensuur op. Achter veel van onze grootste vragen schuilt schaamte en schuld: daarom is het verleidelijk de echte vragen te omzeilen, jezelf af te leiden met een wijntje, Netflix of Facebook of jezelf te sussen met relativerende gedachten. Henriët durfde het aan deze vraag aan zichzelf te stellen en 'm samen met mij te onderzoeken.

Ik vroeg haar welke gedachten ze precies had die zij als 'discriminerend' bestempelde. Haar reactie was er eentje van pure schaamte. Ze zei: 'Nee, dat kan ik echt niet zeggen. Ik durf dat niet. Dat mag niet. Ik ben potverdorie docent levensbeschouwing, ik moet het goede voorbeeld geven en mag dat soort dingen niet denken.' We spraken eerst over de rol van een docent levensbeschouwing: in haar antwoord laat ze zien dat ze daar een norm over heeft, een 'docent levensbeschouwing behoort zich zus of zo te gedragen en mag X of Y niet denken'. Ze kwam er al snel achter dat die overtuiging geen stand houdt, tenzij je Clark Kent heet, geen fouten maakt en na zeventien uur een Supermanpak kunt dragen.

Uiteindelijk durfde ze haar 'discriminerende gedachte' te benoemen. Ze zei: 'Ik denk weleens dat donkere mensen dommer zijn dan witte mensen.' Direct nadat ze dit uitsprak verontschuldigde ze zich. Ze werd rood en stamelde: 'Ja sorry. Dat bedoel ik dus. Die gedachte slaat toch nergens op. Dat mag ik gewoon niet denken.'

En dat is waar de empathische nulstand om de hoek komt kijken. Had ik gereageerd vanuit empathie, dan had ik haar gesust: ach, zo erg is het niet, iedereen denkt weleens dingen die misschien niet kloppen, jij bent ook maar een mens. Maar daar had ik haar niet mee geholpen.

Een gedachte die zich in je hoofd heeft genesteld en vanwaaruit jij de wereld bekijkt, heeft er geen baat bij te worden gesust, genegeerd, gebagatelliseerd of veroordeeld, of te worden bedekt met een schattig hartjesdekentje. Zo'n gedachte is het waard oprecht te onderzoeken en te toetsen op de vraag: is het wáár wat ik hier denk? Alleen dan kun je er met een heldere blik naar kijken en opnieuw besluiten of dit overeenkomt met jouw mens- en wereldbeeld.

Ik vroeg Henriët om bewijs voor haar stelling dat donkere mensen dommer zijn dan witte mensen. Ze zei: 'Nou, als ik in mijn kringen rondkijk, in de lerarenkamer bijvoorbeeld, of op congressen, dan zie ik meer witte mensen dan donkere mensen. Witte mensen zijn beter vertegenwoordigd en dus beter, hoger geschoold dan donkere mensen. Daar baseer ik die conclusie op.'

Haar bewijs valt in de categorie 'anekdotisch argument'. Je neemt daarbij één persoonlijke situatie en trekt een algemene conclusie. 'Mijn oma rookte ook en die is wel 93 jaar oud geworden, dus roken is helemaal niet zo slecht', is een herkenbaar voorbeeld van een anekdotisch argument. Wanneer een ander zoiets zegt is het voor een buitenstaander makkelijker om er doorheen te prikken. Het is niet logisch om uit één oma een conclusie te trekken voor het roken in het algemeen. En toch doen we dat heel erg vaak. En het belangrijkste: degene die de uitspraak doet, gelooft 'm ook. Die zit erin vast. Wanneer iemand op die manier 'vast' zit in zijn denken, is je doel als vragensteller om weer beweging te krijgen in de bovenkamer. Je zoekt naar een verandering van perspectief, een manier om de dingen op een andere manier te zien waardoor dat wat je eerder zei in een ander daglicht komt te staan. Daar heb je afstand voor nodig. Overzicht. Leegte in je hoofd. En geen empathie.

In dit geval koos ik voor een 'stel-datvraag'. Ik vroeg Henriët: 'Stel dat jij morgen op een uitwisselingsproject wordt gestuurd naar een hogeschool in Afrika. Hoe ziet de lerarenkamer er dan uit?' Henriët was even stil. 'Anders', zei ze. 'Natuurlijk zijn daar meer donkere mensen in de lerarenkamer.'

'Dus?' vroeg ik. Soms is een enkel woordje met een vraagteken erachter genoeg om iemand zelf een andere conclusie te laten formuleren.

'Dus, ik kan concluderen dat ik me gewoon in beperkte kringen begeef. En dat mijn aanname over donkere mensen gewoon niet klopt, maar dat het meer zegt over welke mensen ik om me heen heb. Wat ik als logisch bewijs aanleverde is helemaal geen logisch bewijs.'

'Heb je nog meer bewijs voor je idee dat donkere mensen dommer zijn dan blanke mensen?' vroeg ik. Soms zijn er meer argumenten die je moet onderzoeken voordat je de onderste steen boven hebt. Ze dacht lang na. 'Nee. Dit is het enige.' Ik checkte nog op een aantal manieren of er echt niet nog meer gedachten te vinden waren die als bewijs zouden dienen voor het idee dat donkere mensen dommer zijn dan blanke mensen. Ze kwam nergens, hoe ver we ook door zochten.

Haar aanname hield geen stand. Ze had een oordeel gebouwd op haar waarneming in slechts haar lerarenkamer. Daar had ze conclusies uit getrokken die ze een tijd niet had bevraagd, maar voor vanzelfsprekend was gaan zien. En vervolgens was gaan geloven. Totdat ze er wél bij stilstond en schrok van haar eigen gedachten. Na het denkonderzoek in dit gesprek was ze eerst even verward, en toen ontstond er een enorme ruimte en opluchting: het was haar helder hoe ze haar denkconstructie had gebouwd, welke delen rot waren en aan vervanging toe en wat ze nog meer kon onderzoeken.

Het gesprek met Henriët laat zien hoe iemand vast kan zitten in zijn denken, en daar zelf niet uitkomt. Je draait als het ware in kringetjes. Vaak komt er ook nog commentaar óp dat denken bij: je hebt een gedachte, maar je vindt dat je die gedachte niet mag hebben, dus durf je er ook niet écht naar te kijken. Wanneer je dat wel doet, ontstaat er denkruimte. Je creëert nieuwe opties voor jezelf. Daar heb je geen gesprekspartner bij nodig die je sust en geruststelt vanuit empathie, óf je veroordeelt met een 'dat mag je niet denken!' maar juist iemand die vanaf een afstandje registreert wat je zegt en daarop door durft te vragen.

Oefening: train je empathische nulstand

Neem je voor om in een gesprek alleen vragen te stellen. Het werkt fijn als je voor deze oefening een maatje kunt vinden en uitlegt wat je wilt oefenen. Vraag de ander om iets te vertellen wat hem of haar heeft geïrriteerd, ergens in de afgelopen paar weken. Iemand drong voor bij de kassa, je werd gesneden in het verkeer, had ruzie met je schoonmoeder, dat werk.

Terwijl de ander vertelt, luister je. Je gaat niet mee, bevestigt geen emoties, geen 'ach wat rot' of 'jee, wat jammer'. Je luistert en je zwijgt. Is de ander uitgesproken, dan stel je één vraag naar feiten over de situatie. Bijvoorbeeld: Wie waren er nog meer bij? Hoelang duurde deze ruzie? Hoe voelde je je? Wat maakte dat je boos werd?

Nadat je een vraag hebt gesteld, luister je weer en zwijg je. Daarna stel je weer een vraag. En zo verder. Dat voelt tegennatuurlijk omdat je gewend bent met de ander mee te praten en te bevestigen. Maar de empathische nulstand is nu net even het radicaal tegenovergestelde.

Ontwikkel je socratische reflex

In de film 12 *Angry Men*, een prachtige film uit 1957, gaat het over een rechtszaak. De twaalf juryleden, in die tijd allemaal mannen, moeten over het lot van een jonge jongen beslissen.

Een jonge tiener, afkomstig uit de achterbuurten van de stad, wordt ervan beschuldigd zijn vader te hebben vermoord. Het is aan de jury om zich uit te spreken over de zaak. De twaalf leden van de jury krijgen te horen dat als ze het 'schuldig' uitspreken, de jongen de doodstraf zal krijgen. Belangrijk is ook dat het oordeel 'schuldig' of 'onschuldig' unaniem moet zijn. De juryleden trekken zich terug in de jurykamer voor beraad.

Bij de eerste stemming zijn elf juryleden voor 'schuldig'. Het enige jurylid dat niet meestemt met 'schuldig' is jurylid nummer 8. Wat er op dat moment in de film gebeurt (ongeveer de eerste vijftien minuten) is een mooi voorbeeld van wat er in groepen mensen gebeurt. De twaalf mannen, ieder met hun eigen karakter, neigingen en frustraties, doen de eerste stemronde en jurylid nummer 8, gespeeld door Henry Fonda, stemt 'onschuldig'. De overige juryleden kijken wat vertwijfeld rond. Een van de juryleden begint te gniffelen: ‘Jongejonge, er is er altijd eentje...’

‘Hoezo onschuldig? Er zijn getuigen, ik ken dat soort jongelui, hij had het wapen nota bene in zijn hand!’ klinkt het.

‘Denk je écht dat hij onschuldig is?’ vraagt een ander.

‘Ik weet het niet,’ antwoordt Fonda.

‘Hoezo “je weet het niet?” Je zat toch in dezelfde rechtszaal als wij net, je hebt al het bewijs toch ook meegekregen? Hij is gewoon gevaarlijk.’

‘Elf van ons denken dat hij schuldig is. Iedereen weet het zeker, behalve jij,’ voegt iemand toe.

Fonda zegt aarzelend: ‘Nou ja, ik weet niet of ik hem onschuldig vind, maar ik dacht dat hij op z’n minst verdient dat we wat uitgebreider dan vijf minuten naar deze zaak kijken.’*

De reactie van de hele groep is kenmerkend: de meerderheid gaat proberen om de minderheid te overtuigen. De juryvoorzitter zegt zelfs: ‘Misschien kun je ons gewoon vertellen wat je denkt en dan kunnen wij je tonen wat je over het hoofd ziet.’

Zijn buurman vult aan: ‘Het lijkt me onze taak om deze meneer uit te leggen waarom wij gelijk hebben en hij niet. Misschien kunnen we allemaal een paar minuten nemen om hem dat duidelijk te maken.’

De normale reflex in een groep is de minderheid zo snel mogelijk bijsturen. Die ene meneer moet zo snel mogelijk

* De scène van de eerste stemming is hier te vinden: https://www.youtube.com/watch?v=5xNlNV-UIUs

overtuigd worden van het gelijk van de groep. Ik weet niet hoe het met jou zit, maar ik herken deze reflex heel goed. Van vergaderingen, grotere bijeenkomsten of gesprekken in een groep. Ook bij ons thuis aan de keukentafel vroeger, toen ik jong was: de afwijkende mening moet zo snel mogelijk in het gareel. De eenling moet zo snel mogelijk weer aansluiten bij de groep.

De socratische reflex is het radicaal tegenovergestelde: de stem van de minderheid moet alle ruimte krijgen. Juist daar zijn de interessante gezichtspunten te vinden, de nieuwe ideeën, de andere opties, de frisse blik. We zijn vaak veel te snel met iemand de mond snoeren, terwijl daar grote wijsheid te vinden is.

In de film 12 *Angry Men* weet Henry Fonda uiteindelijk alle andere elf juryleden te overtuigen van de onschuld van de jongen. Door al het bewijs nog eens goed en kritisch door te nemen gaan steeds meer mannen om. Uiteindelijk wordt de jongen vrijgesproken.

Oefening: train je socratische reflex

Wanneer je iemand tegenkomt met een afwijkende mening, een oordeel dat jou niet zo handig uitkomt, of iets dat je gewoon verwerpelijk vindt, onderdruk je eerste neiging om de ander te fixen. Ga er in plaats daarvan eens goed voor zitten en verdiep je in het denken van de ander.

Wat is het ergste dat er kan gebeuren? Hooguit houd je er een nieuw inzicht aan over. En in het proces wordt de ander misschien aan het denken gezet, en worden jullie beiden wijzer.

Alle buitenlanders moeten het land uit – en dan in de socratische reflex blijven

Je socratische reflex trainen is één ding: 'm ook gebruiken wanneer het écht spannend wordt, is twee. Een docent die lesgaf op een MBO vertelde me eens over een leerling in zijn klas, Danny. Die flapte eruit: 'Alle buitenlanders moeten het land uit.' Dat is natuurlijk even schrikken, wanneer een leerling dergelijke teksten in jouw lokaal bezigt. De eerste, natuurlijke reflex is waarschijnlijk om boos te worden, de leerling eruit te zetten, strafwerk te geven. Hij moet gecorrigeerd en bijgestuurd worden.

In ieder geval is de boodschap 'dit mag je niet zeggen en eigenlijk ook niet denken'. Hoe begrijpelijk die neiging ook is, het helpt je niet: Danny zal zich eerder wentelen in zijn eigen vermeende gelijk dan oefenen in perspectivistische lenigheid. Met Socrates en Epictetus als inspirators en richtinggevers kom je verder wanneer je de socratische reflex opzoekt, je nieuwsgierigheid en verwondering aanzet en oprecht een vraag stelt. Die ander denkt zó anders dan jij, juist dáár is een wereld voor je te ontdekken. Ook als je het helemaal niet eens bent met wat de ander zegt; dat hóéft namelijk ook niet. Je probeert je oprecht te verplaatsen in de denkwereld van de leerling in kwestie, zonder oordeel. Dat laatste is belangrijk, want voordat je het weet, stel je wel een vraag, maar klinkt jouw afkeer, commentaar of walging erin door en dan werkt het niet.

Je zou hem bijvoorbeeld kunnen vragen: Welke buitenlanders bedoel je precies? Allemaal, of alleen een deel? Wat zijn de criteria voor 'moeten het land uit'? Moeten ze iets hebben gedaan, of is enkel het feit dat ze buitenlander zijn genoeg? Ik zou ontzettend benieuwd zijn naar zijn argumentatie. Welke logica houdt hij erop na? Mocht je werkelijk in gesprek raken met deze leerling, en hem het gevoel kunnen geven dat je oprecht zijn denkwijze wilt begrijpen zonder die meteen te willen veranderen, dan kun je een stapje verdergaan, en proberen zijn denken wat op te rekken, uit te nodigen tot verkenning en onderbouwing van zijn ideeën: 'Als het inderdaad zo is dat alle buitenlanders het land uit moeten, simpelweg omdat het geen Nederlanders zijn, hoe zou je dat dan doen met je vrienden? Ik weet dat je veel omgaat met Nasrin. Hij is nog niet zo lang in Nederland en volgens jouw maatstaf 'een buitenlander'. Volgens jouw redenering geldt ook voor hem dat hij het land uit moet. Hoe werkt dat dan precies?'

Het feit dat je er niet tegenin gaat, wil natuurlijk geenszins zeggen dat je deze opvatting goedkeurt of het ermee eens bent. Die denkfout maken we nog weleens: als ik er niks van zeg, dan lijkt het of ik het ermee eens ben. Dat is niet zo. Onze neiging is meteen onze eigen opvatting er tegenover stellen en de ander terechtwijzen, maar we hebben al gezien dat dat niet werkt. De ander raakt alleen maar meer overtuigd van zijn eigen gelijk, en jij ook.

Vermoedelijk eindigen jullie beiden als twee roependen in de woestijn.

De socratische reflex kan menig meningsverschil of discussie verdiepen. Op z'n minst zorgt het voor flexibiliteit: je rekt je vermogen op om zaken niet alleen vanuit je eigen gezichtspunt te bekijken en je te laten verrijken door een ander perspectief. In het voorbeeld hierboven kan goed, socratisch doorvragen ervoor zorgen dat Danny hier nieuwe inzichten opdoet, of op z'n minst geconfronteerd wordt met de grenzen van zijn eigen uitspraak. Dat op zich is al heel wat waard en bereik je níét met de meer gangbare dit-mag-je-niet-zeggenreflex.

Socratische houding: verdraag irritatie, dat hoort erbij

Mensen zitten er niet altijd op te wachten om bevraagd te worden op hun uitspraken. Wanneer je je socratische houding traint, betekent dat soms dat je niet zo reageert als mensen verwachten. Je kletst niet mee, geeft geen advies, reageert niet per se empathisch. Dat kan bij de ander weleens tot irritatie leiden. En da's niet erg. Zonder wrijving geen glans, toch? Als irritatie zich aandient, betekent dat vaak dat je een prikkelende vraag hebt gesteld. Of een goed punt hebt. Waarom zou de ander geïrriteerd raken als het hem toch niets uitmaakt? Het betekent vaak wel dat je even moet slikken. De ander kan zijn irritatie heel goed op jou afreageren.

Ik kan me een gesprek met mijn moeder herinneren waarin precies die irritatie over mijn socratische houding de kop opstak. Ik was op vakantie geweest naar Mexico en had haar niet laten weten dat ik goed was aangekomen. Mijn moeder nam me dat behoorlijk kwalijk.

'Een kind hoort gewoon te bellen als-ie op vakantie gaat!' zei ze. Ik zat helemaal op de socratische stoel: reageerde niet empathisch, was nieuwsgierig waar die opvatting, die norm, vandaan kwam. Ik vroeg me oprecht af of het waar is 'dat kinderen hun ouders gewoon horen te bellen als ze op vakantie gaan'. Ik vroeg door over wat haar boos maakte, welk idee er achter haar aanname zat, hoe dat dan precies werkt, et cetera. Mijn kalmte wekte blijkbaar enige ergernis op, want op een gegeven moment riep ze wanhopig: 'Kun jij niet een normaal gesprek voeren?!'

Mijn reactie was – uiteraard – een vraag. Namelijk, wat zij dan verstond onder 'een normaal gesprek'.

'Nou, gewoon! Met emoties en zo!'

Deze situatie leerde me twee dingen:

1 Mensen kwalificeren een gesprek blijkbaar als 'normaal' wanneer er emoties bij komen kijken. Het is maar de vraag of dat zo is, en of die emoties je helpen in je gesprek.
2 Als iemand empathie verwacht of nodig heeft en niet krijgt, volgt vaak teleurstelling en frustratie. Je hebt dus altijd een keuze om eerst empathisch te reageren en begrip te tonen, en eventueel daarna socratisch door te vragen. Kies je daar niet voor en blijf je verwonderd vragen, dan heb je de irritatie van je gesprekspartner voor lief te nemen, en het je niet persoonlijk aan te trekken.

De structuur van een socratisch gesprek

In het bedrijfsleven – en in het dagelijks leven in kunst- en cultuurcentra – zie je ze steeds meer: 'socratische gesprekken'. Dit boek vertrekt vanuit de houding die je traint tijdens zo'n gesprek, én vanuit de structuur ervan. De structuur van een socratisch gesprek helpt je in het stellen van superscherpe vragen. Niet per se om zo'n gesprek tot in detail te volgen en alle stapjes te doorlopen, maar het helpt je wel in wat je kunt verwachten wanneer je gaat oefenen met je nieuwverworven vraagvaardigheden.

Een socratisch gesprek is een denkgesprek, een onderzoeksgesprek, waarin deelnemers onderzoeken wat ze denken en waarom ze dat denken. Het doel is, ook hier weer: wijsheid. Wat bedoelen wij met bepaalde begrippen? Hoe denken wij over deze situatie? Het is geen discussie waarin we een ander proberen te overtuigen of onze mening verdedigen, maar een open onderzoek naar 'wat het geval is', naar verborgen vooronderstellingen en wijsheid. Woorden en ideeën worden aangescherpt door die van anderen. Daardoor wordt vaak een gemeenschappelijke visie gecreëerd.

Het socratisch gesprek is een manier om gezamenlijk tot wijsheid te komen, door het eindeloos bevragen van elkaars uitspraken. Socratische gesprekken worden steeds populairder: in organisaties en vrije tijd worden er vele gevoerd. Bij grote banken, zorgcentra, met artsen en advocaten, vriendengroepen, zelfs in gevangenissen: de toepassing ervan leent zich voor een grote diversiteit aan deelnemers. Er zijn ook regelmatig socratische cafés of gesprekken op open inschrijving, waar je zo bij kunt aanhaken. Bij jou in de buurt is er vast ook de mogelijkheid om eens aan te haken bij een socratisch gesprek.

Er zijn een aantal leuke, leerzame boeken geschreven over het socratisch gesprek waarin de methode uitgebreid wordt besproken. Bijvoorbeeld *Socratisch gesprek voor beginners* van

Marlou van Paridon, *Het socratisch gesprek* van Jos Delnoij en Wieger van Dalen en *Socrates op de markt* van Jos Kessels.

Het proces van een socratisch gesprek

Een socratisch gesprek kent een vaste structuur, ontleend aan wat Socrates 2500 jaar geleden deed. Er zijn een paar belangrijke principes in zo'n gesprek. Die principes zijn belangrijk om te kennen, omdat ze inherent zijn aan het stellen van goede vragen, het ontwikkelen van een filosofische houding, en het zoeken naar gezamenlijke, ware kennis. Wanneer jij je vraagvaardigheden ontwikkelt, kun je er donder op zeggen dat je tegenkomt wat Socrates ook tegenkwam: weerstand, elenchus, aporie. Dat klinkt nu nog als een tropische cocktail, maar ik ga je uitleggen wat het betekent. Hoe beter je voorbereid bent, hoe makkelijker je vasthoudt aan je eigen intentie en vragen.

Een socratisch gesprek vertrekt vanuit één filosofische vraag die wordt onderzocht

In een socratisch gesprek staat standaard één filosofische vraag centraal, een vraag die relevant is voor de hele groep. Het is een vraag waarvan het antwoord niet kan worden opgezocht op Google en het staat niet op Wikipedia, in de *Viva* of *de Volkskrant*. Je kunt de vraag enkel onderzoeken, samen wijzer worden door door te denken en door te vragen. Antwoorden formuleren, die weer bevragen en nieuwe concepten onderzoeken. In het gesprek met anderen tekent jouw visie zich scherper af. Je traint je door jouw standpunt in het groepsgesprek helder te verwoorden, door zuiver te luisteren en goed door te vragen. In een startvraag van een socratisch gesprek zitten een of meerdere grote abstracte concepten die de groep wil onderzoeken. Bijvoorbeeld: Wat is rechtvaardigheid? Wanneer mag je liegen? Wanneer moet je stoppen met helpen? Waarom willen wij samenwerken? Wat mogen wij voor een patiënt beslissen? Mag een rechter een eigen mening hebben? Wanneer is stelen geoorloofd? Wat is klantvriendelijkheid?' Stuk voor stuk interessante, spannende vragen waarin vaak vele nieuwe perspectieven worden verkend, verbanden worden ontdekt en nieuwe denkmogelijkheden onderzocht.

Naast één filosofische vraag die centraal staat, wordt een socratisch gesprek gevoerd aan de hand van één waargebeurde casus van een van de deelnemers. Eén concrete ervaring staat gedurende het gehele gesprek centraal. Dat betekent dat grote begrippen als 'liegen', 'rechtvaardigheid' en 'samenwerken' aan betekenis winnen doordat ze in de dagelijkse praktijk moeten worden getoetst en gebruikt. In abstracto ergens over praten lukt ons vaak wel. Als ik een groep vraag 'wat is liegen?' dan komt daar vaak wel een samenhangende definitie uit waar de groep het redelijk over eens is. Op de vraag 'wanneer moet je stoppen met helpen?' is ook nog wel een globaal antwoord te verzinnen dat hout snijdt en op z'n minst lekker klinkt. Het wordt anders wanneer we steeds kijken naar één concrete situatie. Dan red je het niet met een globale begripsomschrijving. Dan moet je stelling nemen. Dan moet je kunnen uitleggen: is híér sprake van liegen? Waarom wel of waarom niet? Of was hier sprake van helpen? Het werken met één voorbeeld geeft scherpte en diepte aan het gesprek.

Ik voerde eens een socratisch gesprek over de vraag 'mag je liegen tegen vrienden?' Ik vroeg alle deelnemers een eerste antwoord op te schrijven: ja of nee, met een argument. De meningen waren verdeeld: sommigen vonden van wel, om de ander te beschermen of een leugentje om bestwil. Anderen vonden van niet: in een échte vriendschap zeg je altijd de waarheid.

Een van de deelnemers, Esther, bracht de volgende casus in:

> Een van mijn beste vriendinnen heeft het niet zo getroffen in de liefde. Vriendjes die haar dumpten zonder reden, jongens die er een ander op nahielden of haar onvriendelijk behandelden, dat soort types. Een paar weken geleden zat ze bij me thuis, helemaal in love. Ze liet foto's zien van haar nieuwe vriend. Het was nu een paar weken aan, zei ze. 'En jij kent hem via via dacht ik,' voegde ze eraan toe. Ze was ontzettend verliefd, hij was heel attent, aardig, grappig. Ze was heel blij. Toen ik de foto zag, schrok ik. Ik kende die jongen inderdaad van gezicht en naam. En van reputatie. Hij scheen er nogal wat scharrels op na te houden en hij had ooit problemen gehad met de politie, wist ik via via. Toen vroeg ze: 'En? Wat vind je van 'm?'
>
> Ik kon het niet over mijn hart verkrijgen haar de waarheid te vertellen. Ik zei: 'Ik ken hem inderdaad van naam. Hij is volgens mij heel aardig. Wat goed dat jullie zo gelukkig zijn.'

En vanaf dan wordt het interessant. Want is hier dan sprake van liegen? En mág dat ook in deze situatie? En was hier sprake van vriendschap? Waarom wel of waarom niet? De groep verkende deze specifieke casus en onderzocht de concepten die ermee samenhangen: liegen, waarheid, vriendschap, voorwaardelijkheid, loyaliteit, bescherming, relatie en meer. Door helemaal deze ene casus in te duiken, werden standpunten duidelijker tegenover elkaar gezet, moesten de deelnemers écht met elkaar meedenken, zich verdiepen in de ander, doorvragen en nuanceren. Allemaal op zoek naar wijsheid.

Aan het eind vroeg ik ze nog eens te kijken naar het eerste globale antwoord dat ze hadden opgeschreven op de vraag 'mag je liegen tegen vrienden?' Zouden ze het nu nog steeds zo opschrijven? Of zouden ze het anders formuleren? Niemand bleef bij zijn of haar eerste antwoord. Door het gesprek dat ze zojuist hadden gevoerd, hadden begrippen een nieuwe betekenis, werden nuances en verbanden duidelijker en konden ze beter zien waar voor hen de kern van het antwoord in zat. Uiteindelijk roept een socratisch gesprek eerder méér onderzoeksmogelijkheden en vragen op, dan dat je 'er na een tijdje wel uit bent'. Je ontdekt steeds nieuwe concepten om te bevragen, nieuwe verbanden om op door te denken. En zo ontstaan als het ware 'vanzelf' de filosofische houding en vaardigheden.

Een socratisch gesprek vertrekt niet vanuit definities

Vaak, als ik een socratisch gesprek leid, begint iemand met een opmerking als 'ja, maar dan moeten we toch eerst definiëren wat we bedoelen met visie/rechtvaardigheid/moed/liegen/helpen?'

Hoewel begrijpelijk – we willen maar wat graag met definities aan de gang vanuit het idee dat ze ons houvast en controle geven – is dat bij een socratisch gesprek juist niet zinvol. Je hebt er niks aan. Begrippen, grote etiketten, krijgen pas betekenis als je ze ergens op plakt.

We doen de hele dag door uitspraken. We zeggen wat we vinden van een bepaalde situatie. We zeggen 'hij had daar niet mogen liegen', of 'mensen die niet op tijd komen hebben gewoon geen respect voor anderen' of 'Olga is een supergoede collega'. Op het moment dat je ergens een standpunt over inneemt, is het vaak nog niet duidelijk waar je dat standpunt op baseert. Dat oordeel is slechts een eindpunt, we weten nog niet waaróm jij vindt dat iemand daar niet mocht liegen, waarom mensen die te laat komen respectloos zijn of waarom Olga een supergoede collega is. In een socratisch gesprek kom je precies daar achter. Je ontdekt oordelen, normen, argumenten, mensbeelden waarvan je soms niet wist dat je ze had. Een socratisch gesprek is daardoor eigenlijk een soort 'achteruit denken': iemand doet een bewering over de werkelijkheid. Door door te vragen en áchter die bewering te kijken, kom je erachter welke argumenten je hebt voor die uitspraak.

'Olga is een supergoede medewerker.'

'Waarom is Olga een supergoede medewerker?'

'Omdat ze heel punctueel is.'

'Dus punctualiteit maakt iemand een goede medewerker?'

'Ja, eigenlijk wel. En Olga is punctueel en dus een goede medewerker.'

Waar voor deze persoon 'punctualiteit' als argument te achterhalen valt, hoeft dat voor een ander niet precies zo op te gaan. Die vindt Olga misschien óók een goede medewerker, maar dan vanwege haar vriendelijkheid, netheid, opgeruimde bureau, of omdat ze altijd koffie haalt.

Het is maar de vraag of we hetzelfde bedoelen als we zeggen 'Olga is een goede medewerker', 'wij werken heel goed samen', of 'dat was echt heel onrechtvaardig wat John deed'.

Ik leidde een socratisch gesprek met leerkrachten en schoolbestuurders. De uitgangsvraag was 'wanneer zit een visie in de weg?' De casus die we onderzochten was die van Lara. Zij werkte op een school die een heel duidelijke visie op kunstonderwijs had geformuleerd. Die visie bestond uit procesgericht kunstonderwijs met veel autonomie en eigenaarschap van de leerling. De leerkracht was er slechts als procesbegeleider. Er was net een nieuwe leerkracht groep 3 aangenomen. Die zei tijdens haar sollicitatiegesprek dat ze helemaal mee kon in die visie, ruimdenkend was en graag wilde leren. In de praktijk bleek echter het tegenovergestelde het geval: de leerkracht in kwestie werkte vooral op haar 'oude' manier met methodes, en voorgeschreven lessen. Zij kon dus totaal niet mee in de visie van de school. Lara vond op dat moment dat de visie in de weg zat. Van het team én van de nieuwe leerkracht.

Het onderzoek dat de groep te doen stond was dus duidelijk: was hier sprake van een visie? Zat die visie hier in de weg? Wie zat die visie dan in de weg: de nieuwe leerkracht? Het hele team? Of alleen Lara? We wilden het onderzoek in gaan, toen een andere leerkracht het gesprek stopte en zei: 'Maar we moeten nu toch eerst definiëren wat wij bedoelen met visie? Misschien verstaan we daar wel iets heel anders onder!'

Ze heeft geen ongelijk: misschien verstaat de groep wel iets anders onder 'visie'. Maar daar kom je vanzelf achter wanneer je het begrip visie gaat toepassen op deze casus. Trap je in de 'definitie-valkuil', dan ben je voor je het weet twee uur verder en heb je alleen in abstracto gesproken over wat een visie wél en niet is. Of het andere uiterste: iemand legt een definitie neer, iedereen is het er min of meer mee eens en binnen vijf minuten moet je die definitie herzien omdat-ie in déze situatie nét niet helemaal past. Daarom vertrekt een socratisch gesprek juist níét vanuit begripsdefinities. In een socratisch gesprek ontdek je de betekenis van concepten door ze toe te passen, niet door er een algemene definitie omheen te bouwen.

Regelmatig komt iemand na de pauze bij een socratisch gesprek terug, glimmend van trots, telefoon in de hand: 'Ik weet het antwoord op de vraag! Ik heb het opgezocht in de Van Dale. Dit zegt de Van Dale over rechtvaardigheid/moed/helpen/trots...' Mijn reactie is tegenwoordig standaard: 'En wat denk je? Heeft de Van Dale gelijk? Klopt het wat daar staat?'

In een socratisch gesprek streven de deelnemers naar consensus

In het ontwikkelen van je vragende houding is dat een van de belangrijkste dingen die je in je achterhoofd moet houden: streven naar consensus. Heel vaak eindigen we in een discussie waarbij we de ander willen overtuigen, omdat we níét streven naar consensus. We willen dat de ander het met ons eens is. Streven naar consensus betekent niet dat je concessies doet en de veilige middenweg opzoekt. Of dat je er genoegen mee neemt dat je nu eenmaal van mening verschilt, een *let's agree to disagree*. Streven naar consensus betekent dat je blijft zoeken. Dat je blijft zoeken naar nuances, naar de randen van de verschillende begrippen en hun interpretatie, naar verschillen en overeenkomsten. Heel vaak stoppen gesprekken net op een moment dat het interessant wordt, als de verschillen zich duidelijk aftekenen. Dan gaan we voor meeste stemmen gelden, of zeggen we iets als 'dat is mijn waarheid' of 'dat mag jij vinden'.

'Dat is mijn waarheid' en 'dat mag jij vinden' zijn gif voor een goed, verdiepend, wellicht filosofisch gesprek. Als praktische filosofie gaat over de wens om wijzer te worden, een zoektocht naar gezamenlijke, ware kennis, dan stijgt die kennis uit boven ieders particuliere beleving. De vraag 'is dit waar?' staat steeds centraal in een gezamenlijke zoektocht naar wijsheid. 'Dat is mijn gevoel' is geen bewering over de werkelijkheid, geen argument dat we gezamenlijk kunnen onderzoeken en toetsen aan de hand van de 'is dit waar-vraag'. Zo'n opmerking zegt niets over de werkelijkheid zoals die zich aftekent, het beschrijft enkel iemands particuliere gevoel erover. 'Ik voel gewoon dat Ibrahim hier volstrekt rechtvaardig handelde', is iets waarop je enkel kunt reageren met: waarvan akte. Hetzelfde geldt voor 'ik ben van mening dat we in dit project niet effectief hebben samengewerkt'. Iemand deelt hier mee dat hij of zij een gevoel of mening heeft, maar doet geen bewering over een werkelijkheid die je gezamenlijk kunt onderzoeken. Een gevoel kun je niet onderzoeken en toetsen op 'is dit waar?' Het ís namelijk waar 'dat Pietje hier zich zo over voelt' en 'dat Karel van mening is dat...'

Uitspraken als 'Ibrahim handelde hier rechtvaardig' of 'in dit project is niet effectief samengewerkt' kun je bevragen, onderzoeken. Je kunt erachter komen hóé er dan werd samengewerkt en of dat effectief was of niet, en waarom dan niet. Je kunt ontdekken hoe Ibrahim concreet handelde en waarom dat rechtvaardig zou zijn. Een gevoel of mening is een particuliere aangelegenheid. Heb ze vooral, maar wil ze niet in een filosofisch gesprek als onderzoeksmateriaal inbrengen. Je hebt er dan namelijk niets aan.

Streven naar consensus gaat over de vraag 'is het waar wat we hier beweren?' en heeft alleen zin als die beweringen ook daadwerkelijk beweringen zijn. Streven naar consensus is ook iets anders dan die consensus ook daadwerkelijk bereiken. Het bereiken is niet zo interessant, het streven ernaar is wat telt in een socratisch gesprek. Het streven, de motor, de stroom die blijft stromen, daar gaat het om. Je blíjft zoeken, vanuit het niet-weten en nieuwsgierigheid.

Van een collega socratisch gespreksleider, Miriam, hoorde ik eens een verhaal over een socratisch gesprek dat zij leidde. De casus die gekozen werd was van een vader, die vertelde over zijn dochter. Die dochter had het allemaal niet zo goed voor elkaar: studieschuld, verkeerde mannen, een verslaving aan drugs. De vader in kwestie bleef zijn dochter helpen door geld te geven. Eerst zo af en toe, maar uiteindelijk maandelijks. Hij hoopte dat zijn dochter door die hulp weer op het rechte pad zou komen. Dat gebeurde niet: ze gaf het geld steeds weer uit aan drugs. Uiteindelijk is hij gestopt met geld schenken, maar dat heeft wel vijf jaar geduurd, zei hij. Het socratisch onderzoek ging vervolgens over de vraag 'wanneer moet je stoppen met helpen?' De ene deelnemer zei dat in dit geval de vader veel eerder had moeten stoppen met helpen. Een ander zei weer: 'Het is toch je kind, dan moet je nooit stoppen met helpen.' Iedereen hield er een eigen idee op na over wanneer je dan zou moeten stoppen met helpen.

Miriam zei: 'De consensus die we min of meer bereikten, vonden we niet ín de casus, maar op een ander niveau: we kwamen er uiteindelijk op uit dat je moet stoppen wanneer helpen geen helpen meer is.'

Hier zie je dat consensus niet op concreet niveau te vinden was, maar op een abstracter niveau. En zelfs dan kun je nog doorgaan met je onderzoek: Wanneer was helpen hier dan geen helpen meer? En wie bepaalt dat, de helper of de geholpene? Geheid dat de consensus die je vindt twee vragen later alweer weg is. En daarom is het *streven* naar consensus zo belangrijk. Het zorgt voor beweging in het gesprek, houdt de motor draaiende, zorgt ervoor dat het een onderzoek blijft en dat de deelnemers door willen blijven gaan. Zonder streven naar consensus houd je algauw een discussie, debat of gezapig babbelen over.

Oefening: blijven zoeken naar consensus

Knoop eens een gesprek met iemand aan vanuit een vraag waar jullie beiden geen antwoord op hebben en die je interessant lijkt om eens te onderzoeken. 'Mag je liegen tegen vrienden?' zou een mooie vraag kunnen zijn. Vraag naar een voorbeeld: heeft je gesprekspartner weleens gelogen tegen een vriend, en vond hij dan dat dat mocht? Waarom mocht dat hier? Mag het altijd? Heb de intentie om nieuwe inzichten op te doen, niet om de ander te overtuigen van jouw gelijk. Het helpt om te beslissen 'hier even niets van te vinden' en alleen te luisteren naar de visie van de ander. Luister oprecht naar het standpunt van de ander, en verwoord je eigen standpunt kort en helder. Blijf daarna samen zoeken naar consensus: waar overlappen jullie visies? Waar verschillen ze? Zijn die verschillen overbrugbaar?

Realiseer je dat je die consensus niet hoeft te bereiken. Het streven ernaar is het belangrijkst. Misschien registreer je bij jezelf dat je van 'zoeken naar consensus' afglijdt naar proberen te overtuigen. Dat er geen sprake meer is van samen denken, maar van meningen verdedigen.

Check dan bij jezelf: wat maakte dat je het zoeken naar consensus losliet en je mening ging verdedigen? Wat leverde dat je op? Hoe kun je dat de volgende keer voorkomen?

Suggesties voor startvragen waarmee je zou kunnen beginnen:

- Mag je liegen tegen vrienden?
- Moet je altijd eerlijk zijn?
- Is diefstal per definitie slecht?
- Wanneer hoef je de grens van een ander niet te respecteren?

Elenchus

Een belangrijk onderdeel in de dialogen van Socrates is de 'elenchus', wat 'weerlegging' betekent. Dit concept wordt ook wel vertaald als 'perplexiteit' of 'denkverlegenheid', specifiek gezegd: het perplex staan tegenover iets wat je zelf altijd voor waar hebt aangenomen, maar blijkbaar toch weerlegd kan worden door Socrates. 'Elenchus' is het weerleggen van een bewering. Met als resultaat: denkverlegenheid. Wij denken van alles zeker te weten. Socrates was van mening dat, voordat je iets kunt leren, je eerst moet afleren wat je denkt te weten, maar niet werkelijk weet. Zijn uitgangspunt was dat je via het niet-weten tot 'weten' kunt komen. Het op de proef stellen van je gedachten, en je bewust zijn van je eigen onwetendheid, is in zijn visie nodig om tot wezenlijke verdieping en verheldering van een kwestie te komen.

We hebben allemaal een enorme hoeveelheid oordelen, denkbeelden, overtuigingen, waarden, normen die ons handelen bepalen. Maar dat is allemaal niet per se een consistent geheel. Sommige normen en waarden heb je eigenlijk gewoon overgenomen, of van je ouders of leraren meegekregen. Er zitten blinde vlekken in, onbewuste aannames en onjuiste overtuigingen, vervormingen of tegenstrijdigheden. Socrates probeerde in zijn gesprekken als eerste deze tegenstrijdigheden expliciet en zichtbaar te maken, om zijn gesprekspartner te laten zien dat zijn huidige denkbeelden ontoereikend waren. Door deze weerlegging, de elenchus, voelden mensen zich dikwijls beschaamd, ze werden zich immers bewust van hun eigen onzin, die ze net nog met hand en tand hadden verdedigd.

In zijn verdediging tijdens de rechtszaak die de Atheners tegen hem aanspanden, zegt Socrates:

Het Orakel van Delphi zei dat niemand meer inzicht had dan ik. Toen ik dat had gehoord, dacht ik bij mezelf: wat bedoelt de god (Apollo) eigenlijk en waarop zinspeelt hij toch? Want ik ben me bewust dat ik helemaal nergens verstand van heb. Wat bedoelt hij dan eigenlijk wanneer hij zegt dat niemand zoveel inzicht heeft als ik? Liegen doet hij niet, dat mag hij niet.

Lange tijd verkeerde ik in onzekerheid over wat hij eigenlijk bedoelde, maar toen zette ik me met veel tegenzin aan een soort onderzoek daarvan, op de volgende manier. Ik ging naar iemand toe die de reputatie had een verstandig mens te zijn. Op die manier zou ik dan de uitspraak van de god kunnen weerleggen, dacht ik, en het orakel kunnen aantonen: die man daar heeft meer inzicht dan ik, terwijl ú dat van mij zei. Ik onderwierp die man dus aan een onderzoek – zijn naam hoef ik niet te noemen, maar het was een politicus bij wie ik zo'n ervaring had. Terwijl ik met hem sprak, kreeg ik de indruk dat die man wel door allerlei mensen verstandig werd gevonden en vooral door zichzelf, maar dat hij het niet was. En vervolgens probeerde ik hem duidelijk te maken dat hij wel dacht verstandig te zijn, maar het niet was. Daardoor kreeg hij dus een hekel aan mij, net als veel van de mensen die erbij waren.

In elk geval dacht ik bij mezelf toen ik wegging: díé man heeft inderdaad minder inzicht dan ik. Want het schijnt dat wij geen van beiden over behoorlijke kennis beschikken, maar híj denkt iets te weten wat hij niet weet, en ík weet niets en denk dat ook niet. Het lijkt dus wel alsof ik in ieder geval íéts meer inzicht heb dan die man, alleen doordat ik niet denk iets te weten wat ik niet weet.

– Plato, 'Sokrates' verdediging'

Hij deed vervolgens hetzelfde met de schrijvers en de handwerklieden, en steeds was zijn ervaring hetzelfde: hij ging op zoek naar iemand die meer inzicht en kennis had dan hijzelf. Hij onderzocht zijn gesprekspartner door hem te bevragen. De gesprekspartner in kwestie kletste zich al snel vast, moest erkennen dat hij eigenlijk niet goed wist wat rechtvaardigheid, vroomheid, schoonheid precies was. Socrates toonde op die manier de onwetendheid van zijn gesprekspartner aan, leidde zijn gesprekspartners tot een elenchus, beschaming van het 'toch niet weten'. Daar zit men niet per se op te wachten en men kreeg een hekel aan hem. Hij kwam tot de conclusie dat mensen van wie gezegd wordt dat ze ergens veel van weten, zelf gaan denken dat ze ook over andere onderwerpen heel wat kunnen zeggen.

> Iedereen maakte dezelfde fout: door het feit dat hij zijn vak verstond, maakte ieder er aanspraak op ook van de andere, de belangrijkste dingen veel verstand te hebben – en die vergissing van hen overschaduwde hun kennis. Ik stelde mezelf de vraag: waaraan zou ik de voorkeur geven? Te zijn zoals ik ben, zonder iets van hun kennis van zaken maar ook zonder hun onwetendheid, of net als zij die twee te combineren? Nu, ik gaf mezelf en het orakel het antwoord dat ik erbij gebaat was te zijn zoals ik ben.
>
> – Plato, 'Sokrates' verdediging'

De elenchus is een moment in het gesprek waarop voelbaar wordt dat onze eerste vooronderstellingen, onze eerste woorden, vaak drijfzand blijken. Pas daarna, nadat de bagger op tafel ligt, is er ruimte voor dingen die wél houtsnijden. Socrates zei: 'Pas wanneer je weet dat je het niet weet, is er ruimte voor werkelijke kennis.' Hij ruimde als het ware eerst de zolder op, veegde de spinnenwebben weg en gooide een raam open. De ander zag daarmee wat voor zooitje het eigenlijk was geweest, maar ook was er ruimte voor daglicht en nieuwe, ware kennis.

Het is van belang dat je weet wat de elenchus is. Wanneer jij namelijk een vragende houding ontwikkelt, en vanzelfsprekendheden gaat bevragen, loop je er vroeg of laat tegenaan dat je tegenstrijdigheden hoort in het verhaal van de ander. Je bevraagt dingen die voor de ander zó vanzelfsprekend zijn dat het 'raar' is om er vraagtekens bij te zetten.

Zoals je in het eerste hoofdstuk van dit boek hebt kunnen lezen, hangen onze overtuigingen vaak samen met onze identiteit. Wanneer die bedreigd wordt, al is het maar een beetje, kun je erop rekenen dat je misschien geen vrienden maakt en dat schaamte over onwetendheid op de loer ligt en is de kans groot dat je gesprekspartner zich heel even heel onprettig voelt. Dat is overigens niet erg: voor groei, voor nieuw, vruchtbaar en interessant denken, is soms een beetje groeipijn nodig.

Soms, wanneer ik – toen ik zelf net geschoold was in het stellen van vragen en een socratische houding – mensen lastigviel met mijn gevraag, ontstond er weleens een situatie waarbij mijn gesprekspartner dat ongemakkelijke gevoel projecteerde op mij. Jeetje, jij maakt het ingewikkeld! Dat snap je toch wel! Dat spreekt toch voor zich! Het zijn maar woordjes, je snapt het grote idee toch! Het zijn voorbeelden van zinnetjes waar ik toen door geraakt werd. Nu weet ik dat wanneer mijn gesprekspartner zulke zinnen begint te formuleren, dat precies de bedoeling is. De ander heeft ergens ook wel door dat wat hij zegt niet meer helemaal coherent is. Eigenlijk zijn die zinnetjes een teken van de elenchus die op de deur klopt.

Het is niet voor niets dat Socrates zijn gesprekspartners altijd om toestemming vroeg. Wanneer er dan een elenchus plaatsvond, en zijn gesprekspartner boos werd, Socrates de schuld gaf, of wilde stoppen met het gesprek, dan kon Socrates altijd terugkomen op hun afspraak. Hieronder zie je een mooi fragment van Socrates in gesprek met Protagoras. Het wordt Protagoras op een gegeven moment wat te heet onder de voeten en hij wil het afdoen met ach, boeit het, laten we gewoon even aannemen dat vroomheid en rechtvaardigheid hetzelfde ding is, en vooruit met de geit.

> PROTAGORAS: Wel, Socrates, de zaak lijkt me niet zo eenvoudig, om zomaar toe te geven dat de rechtvaardigheid vroom en de vroomheid rechtvaardig is: mijn mening is dat er wel een zeker verschil tussen bestaat.
> Maar ja, welk verschil kan dat maken? Kom, als ge wilt, laten we aannemen dat de rechtvaardigheid vroom en de vroomheid rechtvaardig is.
>
> SOCRATES: Neen, dat gaat niet! Wat ik wens te onderzoeken is niet een 'als ge wilt' of een 'als ge dat meent'; gij en ik dienen te worden onderzocht.
> En als ik zeg 'gij en ik' dan bedoel ik daarmee dat de beste

manier om over onze argumenten te discussiëren deze is: er het 'als' uit weg te laten.

– Plato, *Protagoras*, 331e

De Socrates in jezelf ontwikkelen levert je veel op, maar komt soms met een prijs: men is er niet altijd van gediend. Socrates werd niet voor niets een 'horzel' genoemd vanwege zijn onophoudelijke gevraag.

Oefenen met elenchus

Wanneer je een gesprek aangaat en dóórvraagt, de bewering van de ander wilt weerleggen, wees dan eens alert op de zinnetjes zoals ik die hierboven omschreef:

- Jij maakt het nodeloos ingewikkeld!
- Dat spreekt toch voor zich!
- Ja, dat is gewoon zo!

  Als je dat soort zinnetjes hoort, weet je dat wanneer je doorgaat, er juist een mooi gesprek kan ontstaan. Wat jij te doen hebt op dat moment, is volharden in je socratische, vragende houding, en door blijven vragen.

- Wat maak ik nodeloos ingewikkeld?
- Waarom spreekt dat voor zich?
- Waarom is dat gewoon zo?

  Als je toestemming hebt gevraagd en de ander heeft commitment gegeven voor een filosofisch onderzoek, kun je, net als Socrates deed, daar natuurlijk altijd op terugkomen: wil je doorgaan met ons onderzoek of wil je stoppen?

Aporie
Socratische gesprekken eindigen dikwijls in 'aporie', een algeheel gevoel van 'ik weet het niet'.

De vraag blijft een vraag, er is niet één antwoord dat voldoet. De ideeën en gedachten die je gezamenlijk opdoet zijn vaak talrijk, en niet sluitend of definitief. In een socratisch onderzoek is het doel niet om weer een antwoord te vinden waaraan je je kunt vastklampen en waarbij het denken stopt. Bij ieder 'antwoord' dat je vindt in een socratisch gesprek vraag je door. Alleen door doorvragen blijft het denken in beweging. Juist de zoektocht, de bewustwording van hoe weinig je eigenlijk weet, levert je oneindig veel vrijheid op. Wanneer je nieuwsgierig blijft, doordenkt, alles bevraagt, ook het vanzelfsprekende, kom je vanzelf op een punt waarbij je aan alles voelt: ik weet hét antwoord echt niet. Dat niet-weten is wel een steviger niet-weten: je hebt immers alle kanten van de zaak bekeken, bevraagd en onderzocht. Daarmee geeft aporie je ook een vorm van vrijheid.

Die aporie kun je ook tegenkomen als je jouw vrienden, familie en onbekenden gaat bevragen in de kroeg, op straat, op het werk. Na een gezamenlijke zoektocht gooit iemand de handen in de lucht en verzucht: 'Ik weet het echt niet meer hoor! Ik heb al die verschillende denkwijzen gehoord en er zit eigenlijk wel veel in. En nu weet ik het niet meer!' Daar is niks mis mee. Sterker nog, het confronteert je met hoe weinig je eigenlijk écht weet. En dat bewustzijn van hoe weinig je eigenlijk weet, is een hoofdelement van het ontwikkelen van een vragende houding. Vanuit dat bewustzijn, die aporie van 'ik weet het niet', ga je namelijk iets waardevols doen: een vraag stellen. Harm van der Gaag zegt in zijn boek *Wie het niet weet mag het zeggen*: 'Wanneer je iets niet weet, en ook weet dat je iets niet weet, heb je twee opties: je kunt iets zeggen. Of je stelt een vraag.'

Oefening: zoek aporie op

Laat jezelf eens bevragen op een overtuiging die je hebt. Zeg de ander steeds verder door te vragen, en kritisch te zijn op wat je zegt. Als het goed is, kom je op een gegeven moment op het randje van jouw zeker-weten. Je móet dan zeggen: goh, dat weet ik echt niet. Vaak zeg je eerst: dat is toch gewoon zo. En op de vraag 'waarom is dat gewoon zo?' weet je het antwoord niet. Voel eens hoe die aporie is. Misschien even spannend, maar ook ligt de wereld aan je voeten. Wentel je eens in dit 'ik weet het niet'. We wilden immers het niet-weten omarmen en verdragen. Welke vragen komen er nu in je op?

Nu je weet welke ingrediënten er in een socratisch gesprek voorkomen, ben je beter voorbereid wanneer je zelf gaat trainen in het stellen van betere, scherpe vragen. Het kan je helpen om te weten wat aporie is, wat elenchus is en hoe je erop kunt reageren. Het wordt er alleen maar leuker, interessanter en uitdagender van.

In dit hoofdstuk heb je ontdekt waaruit een socratische houding bestaat en hoe je die ontwikkelt. Je hebt er moed voor nodig, verwondering, je wilt je wentelen in niet-weten. Je wilt je oefenen in de empathische nulstand en je socratische reflex trainen. Je bent voorbereid op wat je tegen kunt komen wanneer je gesprekken vanuit deze socratische inslag gaat voeren: elenchus, aporie, en irritatie die je zult moeten verdragen. Je weet dat een socratisch gesprek vertrekt vanuit een filosofische vraag en een concreet voorbeeld, en dat streven naar consensus een essentiële motor is voor een dergelijk gelijkwaardig onderzoek.

In het volgende hoofdstuk kijken we naar vraagvoorwaarden: hoe richt je de omgeving zo in dat je een socratisch onderzoek met iemand kunt doen? Met welke dingen moet je rekening houden voor je iemand kunt bevragen?

3

Vraagvoorwaarden

Don't explain your philosophy. Embody it.

– Epictetus

Stel: je hebt de socratische, nieuwsgierige houding onder de knie. Je weet wat de ingrediënten zijn van een onderzoeksgesprek en hoe je ermee om kunt gaan. De basis is gelegd, je fundament is stevig. Je bent verwonderd, je stelt je oordeel en empathie uit. En dan? Welke vaardigheden gaan je helpen om goede vragen te vangen?

VRAAGVOORWAARDE 1
Alles begint met goed luisteren

Goede vragen zijn vragen die gaan over de ander. Een goede vraag blijft dichtbij het verhaal, de ervaring van de ander en gaat niet stiekem over mij, mijn beleving, mijn mening. Dat

dat heel vaak per ongeluk wél gebeurt, heeft te maken met onze vaardigheid in het luisteren. We zijn met z'n allen tamelijk slechte luisteraars. We luisteren vaak maar half. We denken aan ons boodschappenlijstje terwijl de ander praat, we denken aan wat we zo meteen willen gaan zeggen of we bedenken hoe wíj ons zouden gedragen in de situatie die de ander beschrijft. Uit die manier van luisteren volgt automatisch een vraag die juist niet over de ander gaat, maar over jezelf. Wil je een vraag stellen die dicht bij de ander blijft, zal je dus eerst écht moeten gaan luisteren.

Goed, zuiver luisteren, luisteren zonder eigen invulling, aannames, mening, is zo makkelijk nog niet en vergt heel wat oefening. Als het je eenmaal lukt om te luisteren zonder je eigen verhaal er steeds overheen te leggen, zul je merken dat je je makkelijker concentreert op het verhaal van je gesprekspartner, dat je je veel beter een voorstelling maakt van wat hij of zij je vertelt en dat de verdiepende vragen zich als vanzelf aandienen.

Om je te helpen in het ontwikkelen van je luistervaardigheden, onderscheiden we even drie luisterintenties.

Drie intenties van luisteren

Er zijn globaal drie intenties, of posities, van luisteren:

1 De eerste positie, de IK-intentie. Ik noem dat wat-vind-IK-ervan-luisteren. Als je vanuit deze intentie luistert ben je bezig met hoe jíj ergens over denkt. Je vraagt je af wat jij zou doen, denken, voelen, zeggen in die situatie. Je vraagt je bijvoorbeeld af: Wat vind ik hiervan? Hoe zou ik dat doen? Wat zou ik zeggen? Je bent niet bezig met het ge-

voel, de gedachten of ervaring van de ander, maar met je eigen standpunt, mening of idee. Wanneer je luistert vanuit deze wat-vind-ik-ervan-intentie resulteert dat al snel in de reparatie-, help- of adviesreflex of het delen van jóúw verhaal. Je vragen zijn vanuit deze positie waarschijnlijk suggestief, veroordelend, of sturend: Denk je ook niet dat Paul gelijk heeft? Lijkt het jou misschien ook leuker om naar Terschelling te gaan in plaats van naar Texel? Deze vragen geven vooral aan hoe jij er zelf over denkt. Ze gaan over jou, en niet over de ander.

2 De tweede positie, de JIJ-intentie. Ik noem dat wat-bedoel-JIJ-precies-luisteren. Als je vanuit deze intentie luistert, luister je nieuwsgierig, socratisch: je weet dat je iets niet weet. Je realiseert je dat de ervaringen van de ander de jouwe niet per se hoeven te zijn en het enige wat je denkt is: Wat bedoel je precies? Hoe was dit voor jou? Wat dacht je, wat voelde je? Hoe zit dit precies? Je kruipt als het ware zo ver als mogelijk in het hoofd van de ander. Je wilt zijn verhaal begrijpen, zijn denken begrijpen, zijn logica begrijpen en bevragen. Je bent geen seconde bezig met de ander overtuigen, raad geven, bedenken wat hij of zij beter of anders had kunnen doen, wat jij ervan zou vinden, wat jij gedaan zou hebben, et cetera. De vragen die je stelt als je vanuit deze positie luistert, zijn vaak de vragen die verdiepen. Het zijn vragen waardoor je óf nog meer informatie krijgt over de feitelijke situatie die de ander beschrijft, óf je krijgt meer inzicht in de beleving ervan. Het zijn vragen die dicht bij de ander blijven.

3 De derde positie, de WIJ-intentie. Ik noem dat hoe-zitten-WIJ-erbij-luisteren. Deze positie is eigenlijk een meta-

positie: hij zweeft er als het ware boven. Wanneer je luistert vanuit deze positie, observeer je jezelf en je gesprekspartner van een afstand. Je registreert hoe jij je voelt, hoe je gesprekspartner erbij zit. Je realiseert je vanuit deze positie dat jullie in kringetjes aan het praten zijn, dat elke zin begint met 'maar', of dat de ander steeds geen antwoord geeft op je vraag maar een heel verhaal begint.

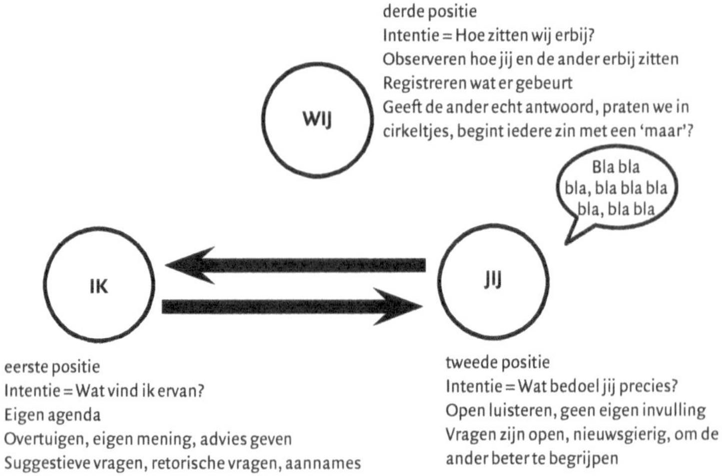

De drie luisterintenties in een voorbeeld

Stel, je bent in gesprek met een goede vriend of vriendin. Hij of zij zegt: 'Ik weet gewoon niet meer wat ik wil op het werk. Ik heb het al een tijdje niet naar m'n zin, het is eigenlijk te ver weg van huis. Ik kan de kinderen nooit op bed leggen bijvoorbeeld. Soms denk ik: zal ik stoppen, maar dat durf ik dan weer niet. Het salaris is goed en het team is ook heel oké. Wat te doen?'

Luister je vanuit de eerste positie, dan *denk* je: nee joh, moet je niet doen! Je zit hartstikke goed op die plek. Ik zou die baan van jou zo willen hebben: goed salaris, fijn team en maar een half uurtje rijden. Mijn werk is veel verder en betaalt minder! Of je *denkt*: ja natuurlijk, meteen doen! Je kinderen zijn maar kort jong en dat is belangrijk. Toen ik van baan veranderde en meer tijd had voor mijn gezin knapte ik daarvan op.

Dan *zeg* je: 'Ik zou hier nog eens goed over nadenken. Je hebt een heel goede baan nu, waarom zou je dat opgeven?' Of: 'Nee joh, je weet niet half hoe goed je het hebt nu.' Of: 'Zou je dat wel doen, stoppen? Je hebt het nu goed toch?' Of juist: 'Ja, dat snap ik helemaal. Je kinderen en gezin zijn ook belangrijk, en er zijn vast ook toffe jobs te vinden waardoor je meer tijd voor hen hebt.'

Je bent hier vooral je eigen visie, opvatting of angst aan het delen. Het zegt niets over het karakter, de eigenschappen, wensen en verlangens van je gesprekspartner.

Wanneer je luistert vanuit de tweede positie, met de intentie in het denken van de ander te kruipen, dan *denk* je: wat bedoel je precies? Hoe is dit voor jou? Wat denk je? Wat voel je? Wanneer voel je dat? Wat zegt je partner hierover?

Dan *zeg* je: 'Wat bedoel je precies? Hoe is dit voor jou? Wat denk je? Wat voel je? Wanneer voel je dat? Wat zegt je partner hierover?'

Je verdiept je in de ervaring van de ander, zonder er een van jezelf naast te leggen, te helpen, te nuanceren of te bagatelliseren. Dat vergt zelfbeheersing, de neiging om je eigen verhaal, visie of advies eruit te gooien kan heel sterk zijn.

Luister je vanuit de derde positie, dan *registreer* je hoe je gesprekspartner erbij zit, hoe jullie contact is, wat hij of zij non-verbaal laat zien. Je registreert ook dat de ander bijvoorbeeld iedere zin begint met 'ja maar'.

Dan *zeg* je: 'Wanneer je over je huidige baan praat ontspant je gezicht en kijk je vrolijk. Wanneer je over weggaan praat, sla je je armen over elkaar en kijk je weg.' Of: 'Het valt me op dat je op mijn vragen antwoordt met "ja maar". Wat betekent dat?'

Voor het stellen van goede vragen is het belangrijk dat je traint om te luisteren vanuit die tweede, JIJ-positie, met de wat-bedoel-je-precies-intentie. Het is een gewoonte om te luisteren vanuit de IK-intentie en je af te vragen hoe jij iets zou oplossen. Wat-bedoel-je-precies-luisteren lijkt moeilijker, maar is het niet. Uiteindelijk merk je dat het veel rustiger is: alleen maar 'schoon' het verhaal van de ander aanhoren, zonder er zelf een mening, idee of opvatting over te hebben. Het wordt stiller in je hoofd. Sommige cursisten vergelijken deze manier van luisteren ook met actieve mindfulness.

Oefening: switchen in luisterposities

Een volgende keer dat iemand jou een verhaal vertelt over iets dat hij of zij heeft meegemaakt, luister dan eens heel bewust vanuit de eerste intentie: wat vind IK ervan. Registreer wat je denkt, en wat je zegt en hoe de ander reageert. Switch vervolgens heel bewust naar wat-bedoel-je-precies-luisteren. Vind je eigen oordeel en mening totaal oninteressant, en verdiep je alleen in het verhaal van de ander. Wat denk je dan? Wat zeg je? Hoe is jullie contact nu?

VRAAGVOORWAARDE 2

Neem taal serieus

Je kunt denken in beelden, geluiden, woorden, gevoelens. Wil je je denken aan een ander overbrengen, dan bedien je je doorgaans van gesproken taal. Gesproken taal is meestal het voertuig van ons denken en spreken, en dus ook van onze vragen. Maar al te vaak gaan we achteloos met de taal om. 'Ach, wat maakt het uit', zeggen we dan, 'het ene woordje of het andere woordje, dat is toch min of meer hetzelfde'. Dat is zonde en zorgt voor ruis. Door je taal schoon en helder te gebruiken, verhelder je het gesprek en stel je betere vragen. Je wordt gevoeliger voor wat iemand letterlijk zegt. Het hangt samen met de visie dat dingen niet voor niets gebeuren. Dat mensen niet voor niets precies dát woordje gebruiken en een ander woordje, wat er erg op lijkt maar net anders is, niet. Door gevoeliger te worden voor taal, word je ook scherper in horen wat er niet gezegd wordt, wat onder het tapijt wordt geveegd, welke woorden of concepten iemand liever ontwijkt. Juist dát is een enorme rijkdom voor jouw goede vragen.

Een tijdje geleden gaf ik de cursus Filosoferen in het dagelijks leven. De deelnemers moesten hun leerwens opschrijven. Iemand had bijvoorbeeld de leervraag opgeschreven: hoe leer ik gestructureerder denken? Een ander stelde de vraag: hoe kom ik tot verdieping in gesprekken?

Een van de deelnemers schreef op: waar vind ik focus?

Het lijkt misschien een miniem nuanceverschil, maar het feit dat iemand vraagt wáár ze focus kan vinden, en niet zozeer hóe, leert je iets interessants over de persoon. In dit geval is het waarschijnlijk dat de schrijfster van deze vraag denkt dat focus buiten zichzelf te vinden is, aangezien ze vraagt waar ze die focus vinden kan. Juist het feit dat dit zo'n onbewust proces is, maakt het leuk om uit te vlooien.

We verraden onze echte agenda door heel kleine woordjes. Een voorbeeld daarvan is het woordje 'maar'. De vraag 'heb je dat al met Peter besproken?' is een fundamenteel andere vraag dan 'maar heb je dat al met Peter besproken?'

Een ander voorbeeld is 'dan'. De vraag 'heb je dat met Peter besproken?' verschilt echt van 'heb je dat met Peter besproken dan?'

Nog een voorbeeld is de negatieve formulering. Als ik je vraag 'heb je dat nog niet met Peter besproken?' voel jij op je klompen al aan dat ik eigenlijk vind dat je dat allang met Peter had móéten bespreken.

Met woordjes als 'dan' en 'maar' of 'nog niet' laten we ons, vaak zonder dat we het doorhebben, in de kaart kijken. Of de ander het bewust oppikt of niet: vaak is voelbaar dat de vraag niet zo open is als-ie lijkt.

Net als Sherlock Holmes

Dát is wat Sherlock Holmes doet: hij kijkt, observeert, leidt af en trekt conclusies. Een blonde haar op een jasje, krassen op een telefoon, een schijnbaar argeloos vergeten hoed aan een kapstok: wanneer je aanwijzingen leest, kom je tot conclusies die je iets leren over een persoon. Of, in het geval van Sherlock, helpen ze je een moord op te lossen. Sherlock doet dat met aanwijzingen op een *crimescene*, wij kunnen hetzelfde doen met taal. Wat iemand wel of juist niet zegt, welke woordjes iemand wel of juist niet gebruikt, geeft je inzicht in de structuur van de persoon die ze uitspreekt.

'Zit er altijd iets achter?' vroeg iemand laatst. 'Iemand kan toch gewoon een paar woorden gebruiken en kiezen? Misschien betekent het niet altijd iets.' Dat kan heel goed waar zijn. Dan nog is het veel leuker om te denken dat we onze woorden niet zomaar willekeurig kiezen. Dan valt er veel meer te onderzoeken en te denken en te leren. Als je ervan uitgaat dat we maar wat doen met die taal, met die woorden, zomaar willekeurig wat strooien met onze zinnen, wordt het leven veel saaier. Je stopt dan met onderzoeken, je afvragen waarom iemand het ene woordje gebruikt en niet het andere. Je ontneemt jezelf een belangrijke ingang naar onbewuste denkpatronen, overtuigingen en aannames.

Oppervlakkig luisteren naar taal

Een manier om je aandacht bij de taal van de ander te houden, is de techniek van oppervlakkig luisteren. Niet empathisch, niet vanuit de eerste of tweede positie, alleen maar oppervlakkig, socratisch luisteren. Je houdt je bezig met de taal die iemand gebruikt, niet zozeer met wat die taal voor jou betekent. Je luistert naar de vorm van taal, niet naar de inhoud. Je registreert allereerst of iemand in de vórm van de taal: een vraag stelt, een bewering doet, iets uitlegt, zijn uitspraak verdedigt, een argument uitspreekt. Je luistert naar welke concepten iemand aanhaalt in een uitspraak, of er tegenstrijdigheden in zitten, of een argumentatiefout. Standaard luisteren we met onze verbeelding 'aan', en plaatsen we onszelf in de situatie van de ander. Ontbrekende details vullen we zelf in, zinnen vullen we onbewust aan, plaatjes maken we compleet. Bij oppervlakkig luisteren, luisteren naar vorm en niet zozeer naar inhoud, staat je verbeelding uit en ben je bezig met de ander, en wat-ie letterlijk zegt.

Deze manier van luisteren kost je minder energie. We noemen het wel 'actieve mindfulness', omdat je op die manier volledig met je aandacht bij de ander bent, of preciezer, bij de woorden en taal van de ander. Je vult niet in, maakt niet af, corrigeert niet, vult niet aan. Je houdt je eigenlijk een beetje van de domme: neemt dingen niet voor vanzelfsprekend, doet alsof je het niet begrijpt, bent nieuwsgierig naar wat er áchter die woorden zit.

Uit onze woorden blijkt dat we onszelf tegenspreken, een verborgen vooronderstelling hebben of denkfouten maken. Als je socratisch, oppervlakkig luistert, doet alsof je het niet begrijpt, heb je goud in handen als je de ander aan het denken en reflecteren wilt krijgen. Het zorgt ervoor dat je verdiepende vragen kunt stellen die dicht bij de ander blijven. Je luistert niet om te begrijpen, je luistert juist om níét te begrijpen. Zodat je samen kunt onderzoeken wat er achter die woorden zit.

Oefening: oppervlakkig luisteren
Luister eens naar een verhaal waarbij je je concentreert op de taal die iemand uitspreekt. Je houdt je niet bezig met wat die

taal betekent, maar alleen maar met de woorden die je hoort. Hoor je tegenstrijdigheden? Heeft iemand een stopwoordje? Hoor je woordjes als 'maar', 'niet', 'ook'? Luister vooral om níét te begrijpen wat de ander zegt. Wat valt je op in zijn of haar spreken?

Oefening: het ermee eens, noch mee oneens zijn

Luister eens naar gesprekken met de overtuiging: wat ik hiervan vind is totaal niet relevant. Luister naar taal, naar waar mensen zichzelf tegenspreken, luister naar argumentatiefouten en drogredenen. Luister naar problemen in zinnen, verhullende zinnen, bullshit-argumenten. Houd je niet bezig met de inhoud en of jij het eens of oneens bent mét die inhoud. Als je op die manier jezelf, je mening, als het ware 'terugtrekt', ontdek je veel waardevols over het denken van de ander. Later in het gesprek kun je heus jouw standpunt weleens benoemen en verdedigen, maar waarschijnlijk ebt die behoefte weg naarmate je deze wijze van luisteren meer onder de knie krijgt.

Lichaamstaal

En lichaamstaal dan? Dat is toch ook belangrijk in communicatie?

Ja, zeker. Wat mij betreft gaat de kunst van het vragen stellen onder andere over taal, en daar een gevoeligheid voor ontwikkelen. Lichaamstaal is daar net zo goed een onderdeel van. Waar we met onze woorden kunnen liegen, verbloemen, een muur optrekken, laat het lichaam zich vaak makkelijker lezen. Dus ook daarvoor moet je je oog, oor en hart trainen. Daar kun je die derde luisterpositie goed voor gebruiken. Je registreert daar, zo objectief mogelijk, of iemand congruent is: kloppen lichaamstaal en gezichtsuitdrukking met de woorden die iemand uitspreekt?

Ik zat eens met een vrouw, Paula, in een filosofisch gesprek. Ze had vragen over haar relatie: ze twijfelde of ze met haar partner wilde gaan samenwonen. Ik vroeg haar welke argumenten ze had om níét te gaan samenwonen. Zonder aarzelen lepelde ze er een paar op: ze zou zelfstandigheid moeten inleveren, zich aanpassen aan haar partner, ze wist niet zeker of ze dat zou kunnen en willen. Al die tijd bleef haar gezicht ontspannen, deed ze haar best om haar argumenten zo duidelijk mogelijk te verwoorden en er zat muziek in haar stem.

Toen ik haar vroeg naar argumenten vóór samenwonen, viel er eerst een stilte. Daarna trok ze haar gezicht in een grimas en tot slot volgde er een diepe zucht. In die vijf woordeloze seconden was zichtbaar en voelbaar wat ze werkelijk dacht. Dat wist ze zelf nog niet, maar voor een buitenstaander was makkelijk te lezen wat ze ongeveer dacht over samenwonen. Die non-verbale informatie kun je vervolgens heel goed bevragen. Daar liggen wezenlijke inzichten te wachten. Die zijn op dat moment nog onbewust, bevinden zich meer op 'gevoelsniveau' en door door te vragen, kan de ander er woorden aan geven, zich er bewust van worden en kun je er samen dieper onderzoek naar doen.

Met Paula ben ik gaan kijken naar wat haar stilte, grimas en zucht betekende. 'Ik realiseerde me niet eens dat ik dat deed,' was haar eerste reactie toen ik ernaar vroeg.

'Wat dacht je op het moment dat je een grimas trok en zuchtte?' vroeg ik.

'Ik dacht niet zoveel. Ik voelde vooral stress. Ik zag het beeld voor me hoe ik 's avonds rustig in mijn eentje op de bank zit en Erik vervolgens thuiskomt en wil praten over de stress op zijn werk. Ik werd al moe bij dat idee.'

'Heb je dan wel argumenten voor samenwonen?' vroeg ik.

Weer bleef het even stil. Paula beet op haar lip. Omdat ze net gewezen was op wat haar gezicht en lijf communiceerden, schoot ze in de lach. 'Ik vóél gewoon dat ik op mijn lip bijt! En dan ga jij zeker zo vragen wat dat betekent. En ik weet dat eigenlijk wel. Het betekent dat ik geen argumenten bedenken kan voor samenwonen, maar dat wel graag zou willen kunnen bedenken. Misschien ben ik er dus nu gewoon niet aan toe.'

Een zucht, een stilte, een ongemakkelijk gaan verzitten, bijten op een lip, sluiten van ogen, een grimas: het zijn allemaal antwoorden. Net zo belangrijk als taal, soms makkelijker en duidelijker te lezen. Het vertelt je dat je vraag iets in beweging heeft gebracht bij de ander. Omdat ons lichaam vaak sneller en eerlijker is in het reageren op een vraag die raakt, is het heel bruikbaar materiaal en verdient net zo goed een plek in de kunst van het vragen stellen als het gesproken woord.

Oefening: wees scherp op lichaamstaal

Wanneer je oppervlakkig, niet-empathisch luistert, blijft er wat tijd en ruimte over om te observeren wat de ander zegt met zijn lichaam. Kijk en benoem eens: hoe zit de ander erbij? Wat doet-ie met zijn handen? Wat zegt het gezicht? Hoe gebruikt de ander zijn adem? Wordt er gezucht en gesteund? Of ontspannen geademd? Gebruikt de ander stiltes? En wat doet-ie dan?

Welke indruk maakt de lichaamstaal van de ander als je zijn taal niet zou spreken?

VRAAGVOORWAARDE 3
Vraag toestemming

Toen ik mezelf jaren geleden begon te bekwamen in het stellen van betere vragen door cursussen, trainingen en workshops te volgen, zei een van mijn docenten, Miriam van Reijen, eens tegen de groep cursisten: 'Dit is ook een kwestie van *don't try this at home*: hier in de groep weten we wat we willen, doen en bedoelen met ons eeuwige gevraag. De mensen "daarbuiten, in de echte wereld" zitten vaak helemaal niet te wachten op al dat gevraag van jou.'

Ze had gelijk. Maar eigenwijs en naïef als ik was, lapte ik haar advies lekker aan mijn laars. Ik was immers verliefd op het vragen stellen, wijzer worden en samen denken en onderzoeken. Zoals dat gaat met een nieuwe liefde wilde ik iedereen daar deelgenoot van maken. Dit was zo fantastisch, dit zou de wereld verbeteren en iedereen was het vast met me eens. Ik begon als een ware Socrates 2.0 op sneakers in het wilde weg vragen te stellen aan iedereen die ik maar tegenkwam. In een discussie tijdens een familiediner kon ik mensen flink op hun zenuwen werken door zelf geen stelling te nemen, maar de stelligheid van anderen te bevragen en te weerleggen met vragen. Vriendinnen konden niet meer rekenen op mijn empathie wanneer ze gefrustreerd vertelden over ruzie met hun lief of gedoe op het werk, maar kregen in plaats daarvan mijn meedogenloze vragen voor hun kiezen. Ik kon het niet laten om een verkoper met een mooie drogredenering als: 'Mevrouw, als ik u korting geef staat straks de hele stad op de stoep,' te bestoken met weerleggingen in vraagvorm: 'Is dat echt waar? Hoe weet u dat zo zeker? Is een beetje een drogreden, hè?' Ik maakte niet per se vrienden door mijn nieuwe verliefdheid aan anderen op te dringen. Enigszins teleurgesteld en gedesillusioneerd (ik ging potverdorie de wereld verbeteren door vragen te stellen) was ik genoodzaakt mijn gedrag aan te passen. Iets minder fanatiek en bevlogen was een beter idee, wilde ik niet eenzaam met enkel mijn kat Olle achter de geraniums eindigen.

Socrates vroeg zijn gesprekspartners altijd expliciet of ze zin hadden om een kwestie te onderzoeken. Hij vroeg ze vooraf of hij ze mocht bevragen. Dat deed hij niet voor niets.

Wanneer je een ander uitnodigt voor een verdiepend gesprek door er expliciet naar te vragen, wordt het gesprek een gedeelde verantwoordelijkheid, en heb je beiden commitment bij je onderzoek. Het vergeten of overslaan van die check of de ander ook bereid is tot een dergelijk gesprek, kan ervoor zorgen dat het meer weg heeft van een politieverhoor.

'Vind je het goed als ik hier wat vragen over stel?' is een manier. 'Zullen we dit samen onderzoeken?' kan ook. 'Lijkt het je leuk om dit idee eens vanuit alle perspectieven te bekijken?'

Het zorgt ervoor dat je gesprekspartner weet wat er ongeveer aankomt (namelijk kritische vragen), hij weet dat hij kan worden uitgedaagd en hij kan zelf bepalen of hij instapt of niet.

Dat laatste is belangrijk: de ander kan en mag ook 'nee' zeggen op jouw voorstel tot kritisch bevragen. Hoe graag je zelf ook wilt, hoe goed je ook ziet waar de ander inzichten zou kunnen winnen, hoe nieuwsgierig je zelf ook bent naar wat er nog meer te ontdekken valt als je doorvraagt: zonder commitment van de ander is het zinloos en stuit je eerder op weerstand.

Het commitment houdt ook in dat je later in het gesprek nog terug kunt komen op jullie afspraak. Wanneer het allemaal wat moeilijk wordt, of te heet onder de voeten, kun je steeds opnieuw beslissen en temperaturen of de commitment er bij beide partijen nog is of niet. De ander kan op elk moment het gesprek afkappen of stoppen, en ook jij kunt dat checken met de vraag: wil je nog doorgaan? Soms wil een gesprekspartner niet zo ver als jij, *that's life*.

Socrates en Protagoras

Filosoof Hans Bolten geeft in zijn artikel 'De Socratische dialoog als een instrument voor teamreflectie' een goed voorbeeld van hoe Socrates soms zijn gesprekspartner om commitment vroeg.

Bolten legt in zijn artikel uit hoe Socrates het onderwerp 'deugd' bespreekt met Protagoras, een sofist. Een sofist was iemand die van stad tot stad reisde om les te geven, vaak aan jonge mannen uit rijke families, met interesse in een carrière in de politiek. Dit betaalde goed, en aangezien Socrates een vriend had die geïnteresseerd was in de lessen van Protagoras en dan veel geld zou moeten betalen, was Socrates nieuwsgierig naar wat Protagoras dan precies te bieden had.

'Welnu, daar hoeft Protagoras niet lang over na te denken!' schrijft Bolten in zijn artikel. 'Hij leert een jonge man omzichtigheid in zowel privé als openbare zaken [...] om zijn eigen huis op de beste manier te ordenen en [...] te spreken en te handelen voor het beste in de aangelegenheden van de staat.'

Bolten beschrijft vervolgens hoe Protagoras verder oreert over 'politieke deugd, die alleen voortkomt uit gerechtigheid en wijsheid': '"Dat is," zegt Socrates dan, "voorwaar een mooie kunst die ge daar bezit... als ge die bezit." En hij voegt er meteen aan toe dat Protagoras die kunst onmogelijk kan bezitten! De deugd kan namelijk helemaal niet onderwezen worden, zelfs "de grootste geleerden en de meest hoogstaande burgers" zijn niet in staat gebleken om hun kinderen de deugd aan te leren. Maar aan de andere kant, als Protagoras meent dat wél te kunnen dan ziet hij, Socrates, het misschien wel verkeerd. Kortom, hij nodigt Protagoras uit deze kwestie samen met hem te onderzoeken.' (Bolten, 2003)

> SOCRATES: Ik meen dat de deugd niet aan te leren is; maar als ik u dan weer het tegenovergestelde hoor beweren, begin ik te zwichten; ik denk dan dat er toch wel iets in uw bewering moet zitten. Als ge dus in staat zijt ons ietwat duidelijker aan te tonen dat de deugd wel aan te leren is, misgun het ons dan niet, maar lever ons dat bewijs.
>
> PROTAGORAS: Misgunnen, zegt ge, Socrates! Helemaal niet.
>
> – Plato, *Protagoras*, 351e

'Daarmee zien we meteen twee kenmerken van Socrates' wijze van filosoferen,' legt Bolten uit. Ten eerste, door te vragen 'Kan deugd worden onderwezen of niet?' stelt Socrates een enkele, duidelijke vraag. Ten tweede: hij doet een open uitnodiging aan Protagoras om deel te nemen aan dit onderzoek, en Protagoras accepteert deze uitnodiging. 'Protagoras wordt niet tegen zijn zin het onderzoek in gesleurd,' aldus Bolten.

Deze uitnodiging lijkt misschien onbelangrijk, maar is niet te onderschatten. 'Het is namelijk geen uitnodiging die vergeten kan worden zodra zij is aangenomen. In het gehele volgende gesprek stelt Socrates herhaaldelijk Protagoras' wil en onwil tot gezamenlijk onderzoek aan de orde. En meer dan eens benadrukt hij dat het volstrekt niet noodzakelijk of vanzelfsprekend is dat zij samen iets onderzoeken – het staat ieder vrij om op enig moment het gesprek te beëindigen. En zolang zij dat niet doen, voeren zij het gesprek niet omdat Socrates dat nu zo graag wil, maar omdat zij dat allebei willen.' (Bolten, 2003)

Oefening: vraag eens toestemming voor een filosofisch onderzoek
De volgende keer dat je iemand iets interessants hoort zeggen, iets wat je graag nader wilt onderzoeken, stel dan gewoon eens de vraag: 'Zullen we hier eens wat dieper op ingaan? Ik zou dit graag eens filosofisch met je willen onderzoeken, wil jij dat ook?' Kies natuurlijk woorden die bij jou passen. Of je dan daadwerkelijk op datzelfde moment je onderzoek doet, doet er niet toe. Misschien heeft de ander geen tijd of komt het nu niet uit, maar later wel. Het gaat erom dat je jezelf traint in het vragen om commitment voor een verdiepend gesprek.

VRAAGVOORWAARDE 4
Vertraag

Om écht goede vragen te stellen en de antwoorden te onderzoeken, moet je vertragen. Wen aan het idee dat het voeren van een dialoog tijd vraagt, aandacht en discipline. Het vraagt dezelfde aandacht en concentratie als het oplossen van een moeilijke puzzel, kalligraferen of draad door een kleine naald prutsen. Met je linkerhand. Daar zijn we niet in getraind, dus dat is in het begin vaak even wennen. Een goede dialoog, waarbij je stap voor stap luistert naar argumenten, naar wat er expliciet én impliciet gezegd wordt, valt totaal in duigen bij ons huidige conversatietempo. Je moet jezelf trainen in langzaam denken en spreken.

Take the time it takes, so it takes less time

Ooit was ik bij een lezing van een cowboy. Een stoere kerel; geruit overhemd, cowboyhoed op. Hij was gespecialiseerd in trailerladen: het fenomeen waarbij mensen een paard willen vervoeren in een trailer achter de auto. Een trailer is voor een paard zo natuurlijk als vliegen voor een vis. Een paard is een prooidier en steppedier en per definitie claustrofobisch. Dat ze in een klein wagentje op wielen willen gaan staan is een wonder. Veel mensen trainen dat trailerladen nooit met hun paard. Ze moeten nú op wedstrijd of naar de dierenarts en verwachten dat het paard er zo inloopt. Er is haast, tijdsdruk, zenuwen en het moet allemaal snel. Resultaat: paard op twee achterbenen, of in z'n achteruit, achterstevoren, hangend in een touw, kortom: allesbehalve netjes die trailer in. Terwijl we, wanneer we alle tijd hebben en denken: ach, laat ik eens proberen of paardje de trailer in loopt, geeft niet als het niet lukt, het klusje binnen vijf minuten geklaard is. Deze cowboy zei, tijdens zijn lezing: *Take the time it takes, so it takes less time.*

Volgens mij geldt hetzelfde voor goede gesprekken. Je vertraagt om te versnellen. De intentie van vertragen, het idee van alle tijd en ruimte te hebben voor een goede dialoog, levert je op lange termijn veel meer op dan doelgerichte en daardoor vaak gehaaste gesprekken.

Oefening: vertraag

Voor deze oefening is het handig om iemand te vragen met je mee te oefenen. Je ervaart dan allebei wat vertraging in een gesprek doet. De oefening is als volgt: de een stelt de ander een leuke, prikkelende vraag. De ander geeft antwoord, jij stelt weer een vraag, et cetera. Er is slechts één spelregel: vóór iedere vraag en vóór ieder antwoord, moet je twintig seconden zwijgen. In die twintig seconden kun je natuurlijk ongeduldig wachten tot je je zegje mag doen, maar dat is net niet de bedoeling. In die twintig seconden kauw je op de woorden of op de vraag van de ander. Je 'blijft bij de vraag', of 'bij het idee'. Observeer wat je denkt. Na twintig seconden spreek je, rustig, het volgende antwoord of de volgende vraag uit. Na een minuut of tien kun je wisselen en natuurlijk even samen nabespreken: wat levert die vertraging je op?

Leuke vragen om mee te starten:

- Wat zou je morgen anders doen als geld geen enkel probleem was?
- Hoe weet je dat je iets bezit?

- Waar mag je niet over zeuren?
- Wie hoef je niet serieus te nemen?
- Waarom willen mensen graag gelijk hebben?

Ik gaf eens een lezing bij een grote Nederlandse bank over drie lessen die we van Socrates kunnen leren. De deelnemers waren allemaal leiders: gewend om snel beslissingen te moeten nemen, druk te zijn in hun werk, in contact met anderen en in hun hoofd. Ik vertelde ze iets over Socrates en wilde ze een aantal principes laten ervaren. Ik deed de bovenstaande oefening met ze. Vanaf het podium was het mooi om te zien wat er met de zaal gebeurde: gezichten ontspanden, er werd beter nagedacht over een antwoord, er was meer contact. De hele energie veranderde in de zaal.

VRAAGVOORWAARDE 5
Verdraag frustratie

Een gesprek voeren dat langzaam gaat, waar aandacht en discipline voor nodig is, waarbij je kritische vragen stelt die de ander confronteren met zijn eigen (soms gebrekkige) argumenten en opvattingen, gaat gepaard met frustratie. Van beide kanten. De ander voelt zich misschien bij vlagen aangevallen wanneer je zijn opvattingen (en daarmee deels zijn identiteit) kritisch bevraagt. Je gesprekspartner wordt ongeduldig omdat het tempo lager ligt dan we gewend zijn.

Of de ander voelt zich gefrustreerd omdat je weinig emoties laat zien wanneer je vooral samen aan het denken bent. Dat hoort erbij. Dialoogtraining is, net als trainen in de sportschool, even wennen voor je denkspieren. Je krijgt er spierpijn van en pas daarna word je sterker. En zoals ik soms tijdens mijn fysieke trainingen inwendig lig te schelden op mijn sportinstructeur, zal je gesprekspartner jou soms de schuld geven van zijn spierpijn. Verdraag het maar. Het is niet persoonlijk. Realiseer je vooral dat er, juist omdát er frustratie is, wordt gewerkt, iets verschuift, iemand zijn eigen denken en zijn oprekt. De sportinstructeur neemt verwijten over spierpijn en oefeningen ook niet persoonlijk. Die denkt inwendig: mooi zo. Doel behaald.

De frustratie zelf is eerder weer voer voor je onderzoek. Het zegt iets over het denkpatroon van de ander, die frustratie. De vraag 'Waarom ben je gefrustreerd nu?' heeft in vele workshops en denkconsulten al tot inzichten geleid. De een raakt gefrustreerd omdat-ie geen stevig argument blijkt te hebben, een ander voelt zich narrig worden omdat hij eigenlijk niet van perspectief wil wisselen. Frustratie is vooral een teken dat de ander vastzit in zijn eigen denken. Jouw taak, als 'praktisch filosoof in opleiding' is om 'm te laten zien wáár-ie vast zit, en 'm te helpen zich 'los te denken'.

Oefening: verdraag frustratie

Voer eens een gesprek met alles wat je tot nu toe weet: je vraagt toestemming voor een onderzoeksgesprek, je luistert zuiver en zorgvuldig naar taal, je vraagt door, je confronteert, je onderzoekt samen. Zodra je frustratie merkt bij de ander, check je eerst in bij jezelf: blijf rustig, trek het je niet persoonlijk aan (dat is het namelijk niet, óók niet als de ander jou er wel de schuld van geeft). Je kunt kiezen: of je behoudt je socratische, ietwat stoïcijnse houding en je vraagt stug door. Of je benoemt de frustratie en vraagt naar het waarom: Ik zie dat je zucht. Wat betekent die zucht? Je kijkt geërgerd, wat ergert je?

In dit hoofdstuk leerde je fundamentele socratische vraagvoorwaarden.

Alles begint met zuiver luisteren. Neem taal serieus. Vraag toestemming om de ander te bevragen. Vertraag. Verdraag frustratie van jezelf en de ander.

In het volgende hoofdstuk krijg je superpraktische tips en tools aangereikt voor effectieve, scherpe vragen.

4

Vraagvaardigheden: techniek, tips en valkuilen

Opnieuw en als altijd zijn er [...] geen dringender vragen dan naïeve vragen.

– Wisława Szymborska

Een heel boek over vragen stellen en pas op deze bladzijde vind je de praktische tips, technieken en trucs. Waarom? Waarom niet gewoon een simpel lijstje met tips die altijd werken? Volgens mij werkt het zo niet: de kunst van het vragen stellen leer je niet met een recept of stappenplan. Er zijn genoeg lijstjes met vragen die je kunt stellen, maar als de kern, de socratische houding, en de basisvoorwaarden niet in orde zijn, sla je alsnog de plank mis. Dan heb je misschien een leuk lijstje startvragen, maar schiet je vervolgens weer in wat-vind-ik-ervan-luisteren en ontbreekt de verdieping en de zoektocht naar gezamenlijke wijsheid.

Het is net zoiets als met koken: je kunt een stappenplan volgen, een recept en daar kom je een heel eind mee. Daar lukt een hoop van. Maar wil je echt goed leren koken, smaken begrijpen, texturen snappen, kruiden kennen, hoeveelheden kunnen inschatten, een intuïtie ontwikkelen voor welke smaak er mist of juist te veel is, dan moet je oefenen. Veel, vaak, continu oefenen.

Net als yoga, meditatie, tai chi of koken, is praktische filosofie een practice. Een 'beoefening'.

Door herhaling, blijven doen, proberen, maak je het je meer eigen. Daarom nu pas, in deel 4, praktische vraagtips en trucs. De recepten die altijd werken. Vanuit de basis die je je óók steeds meer eigen maakt: de socratische, vragende houding.

Een houvast: socratisch vragen stellen – vragen naar boven en vragen naar beneden

Een oordeel is slechts een eindpunt. Als ik zeg 'ik vind Marieke een goede moeder', dan weet je nog helemaal niet waarop ik dat baseer. Sterker nog, dat weet ik waarschijnlijk zelf ook nog niet op het moment dat ik dat zeg. Ik weet alleen dat ik Marieke een goede moeder vind. Er zijn veel redenen waarom ik haar een goede moeder kan vinden: ze zorgt veel, of ze geeft juist veel vrijheid. Ze vraagt veel aan haar kinderen of juist helemaal niks. Dat wat ík specifiek aanwijs als 'goed moederschap', dat laat zich maar raden. Als jij het me niet vraagt, dan ga je uit van wat jíj zou bestempelen als 'goed moederschap'. En dat kan weleens iets heel anders zijn dan mijn argument.

Om de verborgen argumenten áchter een oordeel te achterhalen, heb je goede vragen nodig.

Een techniek die je kan helpen, kunnen we leren van Socrates. Op z'n sneakers staat hij ook hier weer aan onze zijde om ons een simpele vraagtechniek aan te reiken. Kenmerkend aan socratisch vragen stellen, is natuurlijk de socratische houding. Maar daar komt nog iets bij: socratisch vragen stellen hang je altijd op aan een concreet voorbeeld. Een werkelijke gebeurtenis, een uitspraak of handeling. In abstracte begrippen blijven spreken kan een tijdje interessant zijn, maar wordt algauw wat vaag en moeilijk te volgen.

Om overzicht te houden in een vraaggesprek, ontwikkelde Hans Bolten een handige structuur: hij vertaalde socratisch vragen stellen naar 'vragen naar boven' en 'vragen naar beneden'.

Socratisch vragen stellen, vragen 'naar boven' (abstract) en vragen 'naar beneden'(concreet), helpt je richting te geven aan je vragen. Daarvoor delen we de wereld even op. In 'boven' en 'beneden'. Je hebt de feiten, de werkelijkheid, zoals die zich afspeelt. Als een soort film. Er gebeurt iets en dat registreer je met je zintuigen. Die werkelijkheid, de gebeurtenissen zoals ze zich voltrekken, noemen we even 'beneden': het dagelijks leven, de concrete werkelijkheid. Iemand zegt of doet iets, dat neem je waar. Vaak vind je er ook nog iets van. Tot zover is er geen enkel probleem. De problemen ontstaan als we over die werkelijkheid en wat we van die werkelijkheid vinden, gaan praten. We zeggen iets over die werkelijkheid, we doen er een uitspraak over. We doen een ‘bewering’. Dat is een belangrijk gegeven, want zonder bewering en een argument, valt er weinig door te vragen.

Bijvoorbeeld: ‘Thirza is een goede vriendin’. Of: ‘Jansen is een goede medewerker’. Achter die ene bewering zit een wereld van overtuigingen, vooronderstellingen, waarden en zelfs een mensbeeld. Die wereld van overtuigingen, waarden, mensbeeld, noemen we even ‘boven’: de abstracte begrippen en labels die we vaak op die werkelijkheid van ‘beneden’ plakken. ‘Goede vriendin’ en ‘goede medewerker’, zijn voorbeelden van die abstracte begrippen. Maar ook: eerlijkheid, rechtvaardigheid, vriendschap, collegialiteit, racisme, openheid, moed, samenwerken, et cetera.

Nu heb je dus de concrete werkelijkheid ‘beneden’ en de abstracte begrippen (normen, waarden, overtuigingen, mens- en wereldbeeld), ‘boven’.

Zie ook het schema op pagina 188.

Als je dat onderscheid helder voor ogen houdt, heb je altijd twee richtingen die je op kunt met je vragen: naar beneden en naar boven. Je kunt vragen naar feiten en vragen naar waarden en mensbeeld. De vragen naar beneden zijn feitvragen: ze vragen naar informatie over de concrete werkelijkheid. Wat doet Jansen dan allemaal concreet? Wat doet Thirza concreet? Het antwoord op een vraag naar beneden, zal dus concreet bewijs moeten zijn voor de stelling ‘Jansen is een goede medewerker’ of ‘Thirza is een goede vriendin’. Iemand kan dan iets zeggen als ‘Jansen is een goede medewerker, want hij heeft zijn dossiers op tijd af en hij komt zijn afspraken na’. Of: ‘Thirza is een goede vriendin, want ze luistert goed en ze helpt me met de kinderen van school halen'.

Een vraag naar boven vraagt naar de argumenten en verborgen vooronderstellingen áchter die uitspraak: 'Waarom is iemand die goed luistert een goede vriendin?' Een antwoord kan dan zijn: 'Omdat dat betekent dat je echt aandacht hebt voor de ander.'

Waardoor je nu weet dat voor Anja het in een vriendschap belangrijk is dat je aandacht voor elkaar hebt. Dat lijkt misschien voor de hand liggend, maar een ander kan zomaar iets anders zeggen.

Voorbeeld

Een tijd geleden gaf ik een opdracht aan mijn cursisten Filosoferen in het dagelijks leven.

Ik las ze een kort verhaaltje voor: een meisje woont op een eiland en wil graag naar haar vriendje, aan de overkant op het vaste land. Het stormt en de veerboot vaart niet. De enige schipper op het eiland wil haar wel naar de overkant brengen, maar alleen als hij dan eerst met het meisje naar bed mag. Het meisje gaat raad vragen bij haar moeder. Haar moeder zegt dat het meisje het helemaal zelf moet weten, dat het haar eigen verantwoordelijkheid is.

Ik vroeg mijn cursisten: 'Is dit een goede moeder?'

Twee cursisten, Renske en Marcel, hadden ieder een ander antwoord. Marcel zei: 'Nee, dit is geen goede moeder.' Renske vond het wél een goede moeder. Ze konden beiden niet zo goed uitleggen waarom. Het gesprek tussen Marcel en mij ging als volgt:

MARCEL: 'Ik vind dit geen goede moeder. Ik vind dit eerlijk gezegd gewoon slecht.'

ELKE: 'Wat doet ze precies dat jij "slecht" noemt?'
(naar beneden)

MARCEL: 'Ze zegt letterlijk: "Lieverd, je moet het helemaal zelf weten." Ze laat dat meisje maar gewoon aan haar lot over.'

ELKE: 'Waaruit blijkt dat ze het meisje aan haar lot overlaat?'
(naar beneden)

MARCEL: 'Ze geeft helemaal geen advies. Ze zegt letterlijk: "Het is jouw keuze, ik sta achter je, wat je ook doet." Ze beschermt haar helemaal niet tegen die schipper!'

ELKE: 'Dus een goede moeder heeft iets met bescherming te maken?'
(naar boven)

MARCEL: 'Ja, dat vind ik wel. Een goede moeder moet haar dochter beschermen tegen onheil en haar raad geven als ze daarom vraagt.'

Renske was het er niet mee eens. Zij vond dit wél een goede moeder.

Met Renske verliep het gesprek ongeveer zo:

RENSKE: 'Ik vind dat dus helemaal niet, wat Marcel daar zegt. Ik vind dit juist wél een goede moeder.'

ELKE: 'Wat doet ze precies dat haar een goede moeder maakt?'
(naar beneden)

RENSKE: 'Ze kijkt haar dochter alleen maar aan en zegt letterlijk: "Het is jouw keuze." Ze geeft juist geen advies. Dat is precies het hele punt!'

ELKE: 'Wat maakt dat het goed is dat deze moeder dit meisje geen advies geeft?'
(naar boven)

RENSKE: 'Wanneer je iemand geen advies geeft, moeten ze vertrouwen op hun eigen ideeën, hun eigen gedachten. Je geeft ze verantwoordelijkheid. Dat is wat deze moeder doet.'

ELKE: 'Voor jou heeft een goede moeder te maken met het geven van verantwoordelijkheid?'
(naar boven)

RENSKE: 'Ja, precies!'

Uit deze twee simpele gesprekjes blijkt dat je vragen nodig hebt om erachter te komen waarom iemand zegt wat-ie zegt. De twee mensen uit het voorbeeld wisten van zichzelf helemaal niet dat zij zo dachten over 'goed moederschap'. Had je hen, los van het concrete verhaaltje, alleen maar gevraagd naar het abstracte 'wat is een goede moeder?' dan waren ze het waarschijnlijk wel met elkaar eens geweest.

Grote etiketten en definities als 'goede moeder', 'verantwoordelijkheid', 'vrijheid', krijgen pas betekenis als je ze daadwerkelijk ergens op plakt. In dit geval op een verhaaltje over een meisje dat graag naar haar vriendje wil. In het dagelijks leven oordelen we over dat dagelijks leven, en zelden over algemene begrippen en definities.

Na dit gesprek zei Marcel: 'Goh, ik kan me voorstellen als je dit gesprek als partners hebt, dat je erachter komt dat je van elkaar niet precies weet waar de ander voor staat en wat de ander belangrijk vindt. Dan zit je misschien lang in een onenigheid of discussie, zonder dat dat echt nodig is.'

Verhouding naar boven en naar beneden

Als je niet weet welke kant je op wilt, stel dan liever vragen naar beneden in plaats van naar boven. Dat is omdat de beantwoorder zelf heel vaak al in het abstracte gaat zitten praten. Je raakt dan gauw de draad kwijt en je weet niet zo goed meer waar het over gaat. Wil je scherpte en diepte in het gesprek, dan neem je de ander telkens mee terug naar het concrete voorbeeld: hoe zit het híer? Waarom is dít een goede medewerker/moeder/vriendin?

Je kunt je voorstellen dat je iets dergelijks ook in je dagelijks leven kunt toepassen: wanneer een vriend of vriendin de uitspraak doet, 'Ik had een gesprek met mijn collega en dat liep helemaal verkeerd. Hij deed gewoon ontzettend lullig', kun je de techniek van vragen naar boven en vragen naar beneden inzetten om helderheid en scherpte te krijgen in het gesprek. Wat deed hij precies? Waarom noem je dat 'lullig'? Wat maakt dat 'helemaal verkeerd'?

Oefening: vragen onderscheiden

Probeer eens een gesprek te beluisteren. Een interview op de radio of tv, een podcast, een gesprek op een verjaardag waar je niet zelf aan deelneemt. Luister goed naar de vragen die worden gesteld en deel ze voor jezelf in: is dit een vraag naar beneden (naar feiten en gebeurtenissen)? Of is dit een vraag naar boven (naar meningen, vooronderstellingen, mensbeelden)? Deze oefening helpt je de vraagstructuur sneller te begrijpen en je kunt 'm daarna makkelijker zelf toepassen.

Eerst naar beneden, dan naar boven

Voor een goed socratisch gesprekje wil je eerst de feiten helder hebben: wat gebeurde er precies? Wie waren erbij, hoe speelde de situatie zich af? Dat betekent eerst veel feitvragen, vragen naar beneden stellen. Je wilt als het ware een soort YouTube-filmpje voor je kunnen zien, zonder zwart beeld waarin niet helder is wat er zich afspeelt, en zonder dat jij een deel met je eigen verbeelding moet invullen. De ander zal waarschijnlijk sneller dan jij naar boven, naar het abstracte willen, dat geeft niks. Blijf gewoon feitvragen stellen totdat jij helder hebt wat zich precies afspeelde. Als je dat voor jezelf duidelijk hebt, kun je eens een vraag naar boven stellen.

Bijvoorbeeld: je vriendin vertelt over de collega die lullig deed. Hij blijkt in een vergadering waar alle collega's bij zaten, te hebben gezegd: 'Maar ja, jij zal wel niet kunnen bij die extra bijeenkomst want jij zit altijd met de kinderen.' Een vraag naar boven, naar de onderbouwing van de opmerking van je collega, is dan: 'Wat heeft deze opmerking met 'lullig doen' te maken?'

Door daar echt naar op zoek te gaan, ontkomt de ander niet aan uitleggen en analyseren. Dat proces alleen zorgt er soms voor dat er meer ruimte in een overtuiging of situatie komt. Dan blijkt wellicht dat er niet echt sluitend bewijs is voor het stempel 'lullig', maar dat dat vooral haar eigen interpretatie is geweest.

DENKEN

Abstracte begrippen, opvattingen, mensbeelden, morele principes. (Eerlijkheid, rechtvaardigheid, moed, 'goede moeder', 'goede collega'.)

↑ *Vragen naar boven:*

- Wat heeft X met Y te maken?
- Waarom is dat zo?
- Wat bedoel je met X?

UITSPRAAK – bewering

Ik vind dat...

Ik hoop dat...

Ik denk dat...

Ik verwacht dat...

↓ *Vragen naar beneden:*

- Wanneer was dat?
- Wat zei hij precies?
- Wat deed jij toen?
- Hoe ging dat verder?

ZIJN

Concrete werkelijkheid:

Feiten, handelingen, gebeurtenissen, uitspraken. Waarneembaar, aanwijsbaar. (Zeven mensen aan tafel, het regende, hij zei 'doe niet zo stom', ze pakte een donkergroene zakdoek.)

Bron: Hans Bolten, 2003

Oefening
Let eens op wanneer iemand iets beweert: als hij iets zegt over een ervaring, over iets dat hem is overkomen, of als hij een uitspraak doet over 'de werkelijkheid'. En probeer hem daarna te bevragen op die uitspraak: eerst naar beneden, en daarna naar boven. Iemand kan bijvoorbeeld beginnen met: 'Ik zat net bij de oudercommissie en toen begon Paul, die vader van Mirthe, wéér met zijn praatje over vernieuwing van het schoolplein. Ik vind dat zó aanmatigend naar de directeur toe!'

Vragen naar beneden zijn dan:
- Wat zei Paul precies?
- Welke vernieuwingen op het schoolplein?
- Wie waren er nog meer bij deze bijeenkomst?
- Wat zeiden de anderen?
  Vragen naar boven zijn dan:
- Wat heeft dit met 'aanmatigend' te maken?
- Is het erg om 'aanmatigend' te zijn?
- Mag Paul niet 'aanmatigend' zijn?

Doorvragen naar het hittepunt

In de methode van het socratisch gesprek vraag je door naar het hittepunt: hét moment waarom het eigenlijk draait. Stel, je staat in de kassarij bij de supermarkt en iemand dringt voor. Daar word je boos over. Op het moment dat je dat aan iemand vertelt, gaat dat vaak in een woordenbrij en ben je eigenlijk de hele tijd boos in dat verhaal. Terwijl, als je goed kijkt, is er één specifiek moment waarop de boosheid zich aandient. Die is er niet de hele tijd, die ontstaat op een moment. Dat moment kun je bijna pinpointen met een naaldje. Tóen begon de boosheid.

Misschien zei de voordringer iets, misschien was het op het moment dat zijn karretje het jouwe raakte, misschien was het op het moment dat hij je niet aankeek en gewoon de rij in schoof. Misschien begon de boosheid bij jouw gedachte: wat doet híj nou!?' Door op zoek te gaan naar dat hittepunt, kom je bij de kern van iemands verhaal. Wanneer je dat hittepunt te pakken hebt, kun je doorvragen naar de redenen achter iemands boosheid, verdriet, frustratie, opvatting, mening of standpunt.

Doorvragen naar het hittepunt betekent dus dat je doorvraagt naar beneden. Je vraagt als het ware naar een filmpje: wat speelde zich precies af, wie waren erbij, wat werd er gezegd. Heb je het filmpje helder, dan kun je doorvragen naar boven: wat víndt iemand dan van deze feiten en gebeurtenissen? Daar komt dan een kernbewering uit waarop je weer kunt doorvragen:

> 'Toen... (hittepunt)... deed/dacht/voelde ik... want...'

Bijvoorbeeld toen de man zei 'ik ga even eerst hoor want ik heb maar één dingetje' en voordrong, voelde ik boosheid, want het is onbeleefd om zonder mijn reactie af te wachten zomaar voor te dringen.

In deze kernbewering zie je van alles waar je op kunt doorvragen: wanneer iets onbeleefd is, waarom je zou moeten wachten op een reactie, of de man redenen had om te doen wat hij deed, ga zo maar verder. Door eerst het hittepunt en een kernbewering op tafel te leggen, kun je een concrete werkelijkheid bevragen. Dat zorgt voor scherpte en diepgang in je gesprek.

Voorbeeldgesprek

In een training over socratisch vragen stellen, legde Mirjam de volgende bewering op tafel: mijn dochter is vreselijk lui. Arnold had de opdracht om Mirjam te bevragen en te zoeken naar een hittepunt. Daar is dus eerst een concreet voorbeeld voor nodig. Arnold moet het 'filmpje' zo duidelijk mogelijk hebben. Dat betekent veel vragen naar beneden, tot het voorbeeld helemaal helder is.

MIRJAM: 'Mijn dochter Hannah is vreselijk lui. Gisteren bijvoorbeeld: kom ik thuis, hangt ze daar onderuitgezakt op de bank, met haar mobieltje te pielen en ondertussen ook nog tv te kijken. Terwijl ze eigenlijk veel huiswerk heeft, want volgende week is het toetsweek.'

ARNOLD: 'Hoe laat was dat, dat ze gisteren op de bank lag?'

MIRJAM: 'Na school, rond half vijf.'

ARNOLD: 'Waar was jij toen je haar onderuitgezakt voor de tv zag liggen?'

MIRJAM: 'Ik kwam net uit mijn werk, om half vijf stapte ik binnen met een tas boodschappen. Ik stond in de deur, tussen de hal en de woonkamer en toen zag ik haar dus.'

ARNOLD: 'Zeiden jullie iets tegen elkaar?'

MIRJAM: 'Jazeker, ik zag haar liggen en ik zei: "Zo, dat ziet er relaxt uit." Zij antwoordde met: "Hm", typisch een puber natuurlijk. En toen zei ik: "Heb je geen huiswerk?"'

ARNOLD: 'En toen?'

MIRJAM: 'Toen zuchtte ze alleen maar en ze rolde met haar ogen. Ik ben de boodschappen naar de keuken gaan brengen.'

In een socratisch gesprek schrijf je het voorbeeld vaak op, zodat de groep steeds kan meelezen. Daarnaast levert dat opschrijven nog iets op: de verteller zélf ziet beter wat er nog mist in zijn verhaal. Je kunt dus meeschrijven, maar een samenvatting op dit punt volstaat ook.

ARNOLD: 'Dus als ik het goed begrijp, ging het zo: jij komt thuis, je staat in de deuropening. Je ziet dat je dochter op de bank ligt, met haar mobieltje zit te pielen en ondertussen ook half en half tv-kijkt. Jij zegt "Zo, dat ziet er relaxt uit," zij antwoordt met "hm". Jij vroeg "Heb je geen huiswerk?" en toen zuchtte ze en rolde met haar ogen. Daarna bracht jij de boodschappen naar de keuken.'

Let op het feit dat Arnold hier expres zoveel mogelijk de precieze woorden van Mirjam herhaalt. Hij vat niets samen in zijn eigen woorden, parafraseert niet, brengt geen nieuwe ideeën, woorden of concepten in, maar blijft strak bij wat zij exact gezegd heeft. Dat is bewust de bedoeling, later in hoofdstuk 5 over 'goed doorvragen' komen we daarop terug.

ARNOLD: 'Klopt dat zo? Of mist er wellicht nog iets?'

MIRJAM: 'Nee, zo is het precies gegaan.'

Nu de gebeurtenis helder is, en het filmpje voor beide partijen redelijk gelijk, kan Arnold doorvragen naar het hittepunt.

ARNOLD: 'Op welk punt vond jij je dochter precies lui?'

MIRJAM: 'Eigenlijk al meteen toen ik de deur opendeed en haar zag. Ik dacht al dat ze er zo bij zou liggen en ja hoor!'

ARNOLD: 'Dus op welk moment dacht je wat precies?'

MIRJAM: 'Toen ik de deur opendeed en zag dat ze op de bank lag met haar mobiel en de tv aan, dacht ik: Zo, die is weer lui!'

Vanaf hier kan Arnold doorvragen naar boven. Je weet nu dat in Mirjams wereld 'op de bank liggen met tv en mobiel' gelijk staat aan 'lui zijn'. Maar waarom dat zo is, weet je nog niet. Het doel is hier samen onderzoeken wat er in Mirjams hoofd verborgen zit aan oordelen, vooronderstellingen en mensbeelden.

ARNOLD: 'Wat heeft op de bank liggen met mobiel en tv-kijken met "lui zijn" te maken?'

MIRJAM: 'Nou gewoon, dan doe je niks nuttigs. Dat is niks. Dan hang je maar een beetje.'

ARNOLD: 'Is iemand die niks nuttigs doet automatisch lui?'

MIRJAM: 'Nou nee, niet per se. Dat hoeft niet. Je kunt ook niet iets nuttigs doen zonder lui te zijn natuurlijk.'

ARNOLD: 'Deed Hannah hier iets nuttigs?'

MIRJAM: 'Nee. Nou ja, dat weet ik niet. Ik denk het niet. Ik weet niet wat ze precies deed op haar mobieltje. Dat heb ik haar niet gevraagd.'

ARNOLD: 'Wat heeft wat zij deed dan met lui zijn te maken?'

MIRJAM: 'Ik weet het even niet meer. Dat vind ik gewoon.'

In bovenstaand gesprek zie je dat Arnold eerst naar beneden vraagt, dan naar boven, en daarna weer naar beneden. Hij volhardt in zijn vragen wanneer Mirjam niet écht een helder antwoord geeft, en Mirjam op haar beurt ziet haar zorgvuldig opgebouwde argumententoren afbrokkelen. Ook kun je hier een elenchus en aporie op de loer zien liggen: Mirjam weet het echt even niet aan het eind. Op dit punt in het gesprek wordt glashelder dat 'lui zijn' iets is wat Mirjam bezighoudt, en niet zozeer haar dochter Hannah. Wanneer Mirjam wordt doorgevraagd op wat haar bewijs dan precies is, blijkt dat ze daar helemaal niet zoveel concreet bewijs voor heeft, anders dan haar eigen oordelen over 'luiheid' en 'nuttig zijn'.

Oefening: van het hittepunt naar boven

Zoek voor deze oefening iemand op die met je wil oefenen, en die weet dat-ie bevraagd gaat worden. Vraag diegene aan een gebeurtenis te denken die hem geraakt heeft. Bijvoorbeeld een gebeurtenis waar sprake was van irritatie, boosheid, of een hard oordeel. Vraag vervolgens die gebeurtenis helemaal uit, totdat je het filmpje helder hebt. Je kunt samenvatten of meeschrijven, net wat jij wilt. Vraag vervolgens om welk moment het precíés ging. Op welk moment begon die boosheid? Op welk moment dacht je gesprekspartner: Zo, wat een eikel!? Probeer dat moment zo exact mogelijk, op de seconde, te pinpointen. Vraag daarna eens naar boven: 'Wat heeft dit gedrag met "een eikel zijn" te maken?' en kijk of je een bewering kunt formuleren: 'Toen... (hittepunt)...

deed/dacht/voelde ik... want...' Vanaf dat moment kun je zowel naar boven als naar beneden vragen, met als doel op onderzoek uit te gaan in het hoofd van de ander: wat denkt diegene allemaal? Welke oordelen, aannames zitten er in zijn hoofd zonder dat hij het weet? Speel ermee, onderzoek en ontdek. En heb er vooral plezier in.

De theorie van vragen naar boven en naar beneden geeft je een stevige houvast voor al je gesprekken, en zeker gesprekken waarbij je een en ander wilt onderzoeken met je gesprekspartner. Alles wat je tot nu toe in dit boek hebt ontdekt, komt erin samen: je hebt je vragende, socratische houding nodig, het is handig als je toestemming hebt de ander te bevragen, je weet dat je elenchus en aporie kunt tegenkomen, én dat er heel veel ruimte is voor nieuwe en verrassende inzichten. Dit houvast gaat echt wat voor je doen als je de oefeningen gaat uitproberen. Durf te falen, de vage vraag te stellen, of de stomme vraag. Niks mis mee. Net als met schaatsen, leer je alleen maar met vallen en opstaan goede socratische vragen te stellen.

Recept voor goede vragen stellen: bestaat dat?

Je hebt je socratische houding ontwikkeld, je weet hoe je de voorwaarden schept voor een goed, verdiepend gesprek en je hebt altijd een houvast aan de vragen naar boven en naar beneden. Zijn we er dan? Bijna! Er zijn nog een aantal superpraktische, meteen toepasbare tips voor al je vragen, ongeacht het soort gesprek dat je wilt voeren. Een soort recept voor het stellen van goede vragen. Hoe zit het bijvoorbeeld met gesloten vragen? Mogen die nou wel of niet? En de waaromvraag? Kun je die nou beter wel of niet stellen? Hoe zorg je ervoor dat de ander je vraag meteen begrijpt zonder zich aangevallen te voelen? Welke vraagtips zijn er nog meer, én werken die eigenlijk altijd?

Zijn gesloten vragen verboden?

Ik gaf een workshop Interviewtechnieken aan jonge adviseurs in de financiële sector. Vol verwachting zaten ze in een kring. Ik vroeg ze wat ze zelf al wisten van het stellen van goede vragen. 'Je moet open vragen stellen,' zei er eentje. De rest zat instemmend te knikken.

De opmerking 'je moet open vragen stellen' hoor ik vaker, misschien heb jij die overtuiging ook. Waar die overtuiging vandaan komt heb ik nooit zo begrepen; het helpt je namelijk niet. Door te denken dat je enkel open vragen zou mogen stellen doe je de gesloten vraag enorm te kort.

Wanneer is iets eigenlijk een open vraag en wanneer een gesloten vraag?

Voordat je verder leest, probeer deze vraag eens voor jezelf te beantwoorden. Weet jij wanneer een vraag gesloten is en wanneer open? Hoe herken je een gesloten vraag en hoe een open vraag?

Als ik deze vraag in een cursus of workshop stel, antwoorden deelnemers doorgaans: 'Op een gesloten vraag kun je alleen ja of nee zeggen en op een open vraag komt een langer antwoord.'

Dat klopt maar ten dele: het is inderdaad de bedoeling van

een gesloten vraag om 'm met ja of nee te beantwoorden, maar dat gaat natuurlijk vaak mis. Ik ken zat mensen die na een gesloten vraag een heel verhaal afsteken, en na een open vraag blijven hangen bij ja of nee. Wanneer je deze definitie gebruikt, ben je afhankelijk van het antwoord op de vraag, en kijk je niet naar de structuur van de vraag zelf.

Een indeling op basis van de taalstructuur van de vraag zelf is veel zuiverder en makkelijker te gebruiken. Open vragen beginnen met een vraagwoord zoals wie, wat, waar, welke, wanneer, hoe, waartoe. Een gesloten vraag begint altijd met een werkwoord of een vervoeging daarvan.

Dan ben je er nog niet, want waar hoort de vraag: wie is de koning van Nederland? Hoort die bij de open vragen of bij de gesloten vragen? De vraag is een open vraag, omdat hij met 'wie' begint. Ook al lijkt er maar één antwoord mogelijk. Maar zelfs dat is niet waar, want een kind vindt wellicht zijn vader de koning van Nederland. Het is een andere vraag dan de gesloten variant 'Is koning Willem-Alexander de koning van Nederland?' Op die laatste, gesloten vraag, is maar één goed antwoord mogelijk. (Monique Fischer, 2017)

Afhankelijk van het doel van je vraag, is een gesloten vraag soms je beste gereedschap. Wil je alleen even iets checken, gebruik een gesloten vraag. Is je gesprekspartner lang van stof? Met een gesloten vraag heb je een grotere kans dat-ie concreter wordt in zijn antwoorden. Vertelt de ander een warrig verhaal vol emoties: gesloten vragen zorgen voor structuur in het verhaal en rust in het hoofd. Is je gesprekspartner juist terughoudend met informatie, dan werkt een gesloten vraag averechts. Daarnaast zijn gesloten vragen vaak de beste denkvragen: mag je liegen tegen vrienden? Moet je altijd eerlijk zijn? Is een ervaringsdeskundige hetzelfde als een expert? Is helpen altijd goed?

Voor goed denkwerk is een gesloten vraag als startvraag vaak fijner dan een keurige open vraag.

Natuurlijk moet je oppassen dat je gesloten vraag wel echt een vraag blijft en je niet per ongeluk stuurt of invult. Maar gebruik ze vooral! Gesloten vragen stellen is net zo goed handig en bruikbaar gereedschap als open vragen. Jezelf bij voorbaat klemzetten vanuit de overtuiging dat je geen gesloten vragen zou mogen stellen, is zonde en helemaal niet nodig.

Let op het eerste woord van je vraag

Let op het eerste woord van je vraag: is dat een werkwoord, dan is de kans groot dat je vraag suggestief is, of dat je een hypothese aan het checken bent: 'Vonden jullie ook dat die vergadering zo lang duurde?' Misschien stel je een retorische vraag: 'Is het niet zo dat robots uiteindelijk gewoon veel intelligenter zullen zijn en de mens overbodig maken?'

Het kán wel, een vraag stellen beginnend met een werkwoord, namelijk als je specifieke informatie wilt checken. 'Zie je dat vliegtuig?' is een prima vraag als je je gesprekspartner iets wilt vertellen over het betreffende toestel en je zeker wilt weten dat jullie naar hetzelfde voorwerp zitten te kijken. Maar wanneer je pure informatie vanuit je gesprekspartner wilt halen, is de vraag 'Wat zie je?' meer op zijn plaats.

Begint je vraag met een werkwoord, check dan heel goed of het überhaupt een vraag is, of eigenlijk een statement verpakt in een vraag. Is het dat laatste, stel dan geen vraag, maar zeg wat je wilt zeggen. Begint je vraag met een lidwoord (de, het, een) dan weet je zeker dat het geen vraag is. Als je er überhaupt een vraagteken achter plaatst, is het geen oprechte vraag, maar eerder een retorische. Het is toch zo dat jij beloofd had te stofzuigen? De rapporten moesten gisteren toch al verstuurd? Een onderbroek hoort toch ín de wasmand, niet ernaast?

Oefening: herkennen van open en gesloten vragen
Let de komende dagen eens op open en gesloten vragen. In gesprekken, in de krant of op tv. Probeer per vraag eens voor jezelf te herkennen of het een open of gesloten vraag is. Niet door naar het antwoord te kijken, maar door bij de structuur van de vraag te blijven. Als dat lukt, let dan ook eens op de antwoorden die de vragensteller krijgt. Zie je op een gesloten vraag ook een ander soort antwoorden dan op een open vraag?

De mythe van de 'waaromvraag'
In veel cursussen word je aangeraden geen waaromvraag te stellen. Zonde, want de waaromvraag is nou net een van de belangrijkste vragen als je tot nieuwe inzichten en verdieping wilt komen. De waaromvraag heeft wel een kleine bijsluiter. Soms heeft de waaromvraag als bijeffect dat mensen zich aangevallen kunnen voelen. We zijn het immers niet gewend te worden bevraagd op voor ons vanzelfsprekende zaken. Moeten uitleggen wat je denkt en waarom je dat denkt, kan heel oncomfortabel zijn, en vaak gaan mensen bij het woord 'waarom' al een beetje op slot.

De bijsluiter van waarom

Een waaromvraag interpreteren we vaak als een vraag naar verantwoording. Je hebt al snel het idee dat je je moet verdedigen, terwijl dat niet het geval hoeft te zijn. Ik denk dat het komt doordat we de waaromvraag te vaak misbruiken. In plaats van werkelijk nieuwsgierig te zijn naar de beweegredenen van de ander, verpakken we onze aanval of ons commentaar in een waaromvraag. In plaats van zeggen wat ons dwars zit – ik vind het echt heel vervelend dat je niet hebt gestofzuigd zoals we hadden afgesproken – gooien we een vraag over de schutting: 'Waarom heb je niet gestofzuigd?' De ander voelt aan alles dat dit geen vraag is, maar een verwijt verpakt in iets dat lijkt op een vraag. We gebruiken de waaromvraag te vaak als strafinstrument: Waarom werk jij alweer over? Waarom eet jij nog vlees? Waarom kies jij voor kant-en-klaar in plaats van vers?

Vragen als deze komen snel over als commentaar en klinken nauwelijks nog als een oprechte vraag. Volgens de definitie van dit boek over goede vragen, zíjn ze dat ook niet: een goede vraag komt voort uit een oprechte, nieuwsgierige houding en blijft dicht bij het verhaal van de ander. Bovenstaande 'vragen' voldoen niet aan die twee kenmerken. Een waaromvraag is essentieel voor nieuwe inzichten en nieuw denken. Daarom wil je, wanneer je een gesprek wilt verdiepen, samen wilt nadenken en de ander wilt uitdagen om áchter zijn beweringen te kijken, de waaromvraag juist vaak stellen.

We stellen elkaar die waaromvraag veel te weinig, vaak uit angst om iemand uit te dagen of met iets te confronteren. Maar zonder waarom geen nieuwe inzichten. Heb je een goed gesprek en is het contact fijn, stel vooral veel waaromvragen.

Soms kun je – vanwege die verdedigingsreflex – de formulering beter ietsje aanpassen. Tenzij de relatie tussen jou en je gesprekspartner warm en veilig is, of wanneer je – zoals in socratische gesprekken of filosofische consulten – de afspraak hebt dat waaromvragen niet aanvallend zijn en de ander verwacht dat je waaromvragen gaat stellen.

Je kunt je waaromvraag bijvoorbeeld op deze manieren anders formuleren:

> Waarom eet jij nog vlees?
> → Wat is de reden dat je vlees eet?
>
> Waarom denk jij dat vaccineren verplicht moet worden?
> → Wat is je argument voor het verplichten van vaccinatie?
>
> Waarom zeg je dat?
> → Wat maakt dat je dat zegt?

Iets heeft zelden maar één oorzaak

Er is nog een kleine valkuil als je een waaromvraag stelt: met een waaromvraag ga je op zoek naar één enkele oorzaak of verklaring, terwijl die er vaak niet is. Het antwoord op de waaromvraag doet de werkelijkheid al snel te kort; die is veel complexer dan slechts één reden, oorzaak of aanleiding. Wie een antwoord probeert te geven op de vraag 'Waarom is de Tweede Wereldoorlog uitgebroken?' kan daar onmogelijk één enkele oorzaak voor aanwijzen.

Als je op zoek bent naar één reden, kun je daarnaar vragen: wat is de reden dat... Wil je een complexer verhaal, dan kan je vraag beter met 'hoe' beginnen. 'Waarom besloot je geen vlees meer te eten?' neigt naar een uitleg waar één verklaring voor is. Misschien is het wel een combinatie van factoren. Dan is 'Hoe ben je gekomen tot het besluit geen vlees meer te eten?' beter.

Oefening: varianten van 'waarom'

In een volgend gesprek, wanneer je weleens een waaromvraag zou willen stellen maar het misschien niet doet, probeer het dan eens wél, maar met een andere formulering. 'Wat is de reden dat...' wordt bijvoorbeeld 'Wat maakte dat...' Kijk eens wat er gebeurt in je gesprek: voelt de ander zich aangevallen? Praat-ie lekker door, en krijg je een dieper inkijkje in zijn of haar denkwereld?

Het magische zinnetje dat altijd uitnodigt tot meer vertellen

Een tijd geleden gaf ik voor een woningbouwvereniging de workshop De kunst van het vragen stellen. Ik vroeg de deelnemers de eerste paar minuten om te delen wat zij graag uit de workshop wilden halen. Hoe stel ik vragen waardoor de ander naar de kern moet? Welke vragen kan ik stellen om de ander aan het denken te krijgen? Hoe kan ik de klant confronteren met zijn eigen uitspraak door goede vragen te stellen? Voorbeelden van vragen waar ze nieuwsgierig naar waren.

Er was een deelneemster, Leonore, die zei: 'Ik heb drie kinderen. Van elf, negen en zeven. En heel vaak vraag ik iets over school of zo, en dan is de respons niet heel veel meer dan "leuk", "goed" of "een beetje". Hoe stel ik nou vragen waardoor zij meer gaan vertellen?'

Naast natuurlijk zuiver luisteren, geen suggesties, oplossingen of adviezen in je vraag verstoppen, is er nog iets wat je kunt doen bij de niet zo praatgrage types. Er is een zinnetje dat altijd werkt. Het zorgt dat je bij de ander blijft, dat je er geen eigen intentie in legt of sturing aan geeft. Dat zinnetje is even simpel als doeltreffend. Dat is namelijk:

'Vertel eens...'

Mijn lief kan heel goed mopperen. Als hij nét een halfuurtje te weinig heeft geslapen hangt er een enorme donderwolk boven zijn hoofd. Hij is ook nogal van het verbale uiten van alles wat zich vanbinnen afspeelt. Een soort brabbelende, boze woordendiarree. Dat betekent dat er in een donkere bui (gelukkig niet zo heel vaak) letterlijk hardop wordt gemopperd, op alles. Bij iemand die de neiging heeft de dingen in zichzelf op te lossen en anderen vooral niet lastig te vallen met gemopper, wekt dat enige irritatie op. Mijn reflex is op dat soort momenten om óf te bagatelliseren: 'Ach het valt wel mee toch. Geen ramp, vanavond slaap je weer beter', óf gewoon regelrecht te zeggen dat-ie zich niet zo moet aanstellen. Geen van tweeën werkt heel goed, natuurlijk. Ik sla daarin regelmatig de plank mis. Het effect is eerder nóg meer gemopper. Niet alleen vanwege slaaptekort, maar ook vanwege die zeurende vriendin van wie hij niet eens even gewoon lekker mag mopperen.

Het magische zinnetje werkt wél. Wanneer Matthijs in de mopperstand staat ('Sjongejonge, ik kan hier ook nooit gewoon eens iets vinden in deze veel te krappe keuken. Altijd ligt alles ergens anders, ik word daar gek van.') doet een simpel 'Vertel eens, wat is er?' wonderen. Er wordt even gemopperd, ik vraag nog of ik ergens bij kan helpen en het gedoe is al snel weer gezakt.

'Vertel eens' is als een ventiel. Een hoop bijeengehouden emotie, een langer verhaal, een opgekropt gevoel: het mag er allemaal uitstromen als jij het 'vertel eens'- ventieltje opendraait.

Je krijgt het oprechte verhaal van de ander, een inkijkje in diens belevingswereld. Wat je vervolgens kunt doen, hangt natuurlijk af van de relatie die je hebt én wilt. Wil je de verdieping in, stel je vragen. Is het goed zo, ga je verder met je eigen bezigheden.

Oefening in 'Vertel eens...'

De eerstvolgende keer dat iemand in jouw bijzijn begint te mopperen, gooi dan eens een geïnteresseerd 'vertel eens' over de schutting. Houd jezelf in met vragen, advies, helpen en dergelijke, maar begin direct met 'Joh, vertel! Wat is er gebeurd?' Registreer hoe de ander op jouw uitnodiging reageert. Wat gebeurt er in jullie contact?

Vraagvalkuilen

Zonder dat we het weten, donderen we bijna dagelijks in wel honderd vraagvalkuilen. Er zitten een paar heel simpele bij, waar je, als je je er bewust van bent, vanaf nu fluitend omheen beweegt. En een paar waar je je zeer waarschijnlijk schuldig aan maakt zonder dat je het doorhebt. Vraagvalkuilen kennen en herkennen bij anderen helpt je het beter te doen.

Vragen stellen is als een potje tennis

Goed vragen stellen kun je vergelijken met een potje tennis: de ene speler slaat een bal, goed gemikt, recht op het doel af en wacht. Tot de ander diezelfde bal weer terugslaat. Het heeft geen zin om, wanneer je net een bal hebt weggeslagen, er nog drie ballen achteraan te knallen. Of je ogen dicht te doen terwijl je de bal een zwieper geeft, en geen idee hebt waar-ie neerkomt. Of om achter je zojuist gemepte bal aan te rennen en 'm nog een beetje bij te sturen.

Of om naast je tennismaatje te gaan staan en 'm in te fluisteren hoe hij die bal precies moet terugslaan. Of vrolijk te gaan staan jongleren met drie tennisballen terwijl je tegenspeler een bal verwacht. Of je tennismaatje op z'n kop te geven als hij de bal niet terugslaat op de manier die jij verwacht had.

En toch is dat wat we in het dagelijks leven regelmatig doen wanneer we een vraag stellen: in plaats van een vraag te maken, die vraag te stellen aan de ander en vervolgens de vraag los te laten, doen we iets heel anders: we stellen er nog wat vragen achteraan, we leggen onze vraag uit (waarmee het een monoloog wordt en geen vraag) of we pruttelen nog wat na waardoor de vraag z'n helderheid en kracht verliest.

Iets vragen terwijl je eigenlijk iets wilt zeggen

De eerste check die je moet doen is: wil ik iets vragen of wil ik eigenlijk iets zeggen? Veel van onze vragen zijn geen vraag, dat weet je inmiddels. Het zijn eigenlijk verkapte boodschappen. Een statement verpakt in een vraagteken. Wanneer je eigenlijk iets wilt zeggen, maak er dan vooral geen vraag van. Dat zorgt alleen maar voor ruis en gedoe. Vertraag, neem een moment pauze en stel jezelf die vraag: wil ik iets vragen of wil ik iets zeggen? Als je iets wilt zeggen: zorg dat er een zin uit je mond komt, geen vraag. Vertel een verhaal, leg een stelling neer of ga in discussie. Maar maak er geen vraag van die eigenlijk geen vraag is.

Wanneer je eigenlijk iets moet zeggen, is het alsof je, in onze tennismetafoor, niet één tennisbal naar de overkant mept, maar in vliegende vaart een tennisbal, een basketbal, een honkbal en een voetbal naar de andere kant slingert. Heel onduidelijk allemaal; welk spelletje speel je nou eigenlijk, wat zijn de regels en wie is er aan de beurt?

Ken het doel van je vraag

Vaak stel je een vraag zonder dat je eigenlijk goed weet wat je er nou precies mee wilt. Je begint gewoon wat te brabbelen en er rolt wel een vraag uit. Die vraag is vaak niet helder, misschien niet eens herkenbaar als vraag. Je bent wat aan het jongleren met tennisballen, gooit er eens eentje weg, niet eens per se de goede kant op en ach ja, gooi er nog maar eentje achteraan want wat geeft het eigenlijk?

Check dus eerst bij jezelf: wat is het doel van mijn vraag? Er zijn verschillende dingen die je kunt doen met een vraag: factchecken, confronteren, verdiepen, uitdagen. Wil je feiten op tafel, dan begint je vraag doorgaans met wie, wat, waar, hoe of wanneer. Wil je verdiepen en een argument of een reden horen van je gesprekspartner, vraag je doorgaans naar het 'waarom', vraag je 'wat is de reden dat' of 'hoe komt het dat'. Wanneer je wilt confronteren met je vraag, geef je de ander zijn eigen woorden terug. Verderop in dit boek gaan we dieper in op hóé je precies kunt confronteren en aan het denken zetten met je vragen. Heb je geen doel met je vraag, dan kun je je afvragen of je überhaupt geluid moet maken. En áls je geluid maakt, of dat dan een vraag moet zijn of dat je toch eigenlijk wat moet zeggen.

Komma-sukkelvraag

Een heerlijke categorie vragen, omdat deze zo simpel is én grappig als je deze bij jezelf en anderen gaat herkennen. De komma-sukkelvraag is de vraag waar je 'sukkel' achter kunt denken. Het is geen gemeende vraag, maar een commentaartje verpakt als vraag. Intonatie bepaalt hier voor een groot deel of het een komma-sukkelvraag is of niet.

'Heb je dat rapport nog steeds niet verstuurd (, sukkel)?'

'Schat, had ik je niet gevraagd om die kliko even buiten te zetten (, sukkel)?

'Ben je nu alweer te laat (, sukkel)?'

Je smasht een bal keihard naar je tennispartner, zonder datie kans heeft 'm terug te slaan. En o ja, je hebt 'm ook zijn tennisracket afgepakt.

Maarvraag

Een heel subtiele, maar vaak voorkomende vraagvalkuil is de 'maarvraag'. Een kleine 'maar' voordat je een vraag stelt. Die 'maar' is niet zomaar een woordje, die 'maar' verraadt hoe de vraagsteller ergens werkelijk over denkt. Het gebeurt vaak zo subtiel dat het ons eigenlijk niet opvalt, maar het draagt een duidelijke boodschap uit.

De meest duidelijke vorm zie je in combinatie met het woordje 'niet' verderop in de vraag.

'Maar vind je ook niet dat Hydaja dat beter anders had kunnen doen?'

'Maar denk je niet dat het beter is om dat rapport anders vorm te geven?'

Ook zonder het woordje 'niet' is er een subtiel verschil in een vraag met of zonder 'maar'.

'Maar kunnen we ook eerst naar het zwembad?' is echt een andere vraag dan 'Kunnen we ook eerst naar het zwembad?'

'Maar wat vind je daarvan?' is echt iets anders dan 'Wat vind je daarvan?'

'Maar waarom heb je dat aan Marjan gevraagd?' is iets anders dan 'Waarom heb je dat aan Marjan gevraagd?'

De onderliggende boodschap van een maarvraag is: ik heb hier al een mening over maar die zeg ik nog niet. 'Ik wil graag eerst naar het zwembad.'

'Jij zou daar X of Y van moeten vinden.'

'Jij had dat niet aan Marjan moeten vragen.'

Cocktailvraag

> Hier, een bal! En nog een! O ja, en deze was ik nog vergeten! En deze is eigenlijk nog mooier, die sla ik ook even over het net! Kies je zelf even welke bal je terugslaat?
>
> Nee, niet die, die vond ik nou zelf niet de beste!

We zijn er zo goed in: cocktailvragen stellen. Je begint een vraag, bedenkt dan een betere versie van je vraag en die stel je erachteraan. En soms nog eentje. Een cocktail van vragen waaruit je gesprekspartner dan maar moet kiezen op welke vraag, of in welke volgorde hij moet antwoorden.

Het resultaat is vaak een vaag verhaal, een half af antwoord of de ander begint maar gewoon met praten, geen idee waar het heen gaat. Zonde, want door meerdere vragen tegelijk te stellen, krijg je juist net niet het dieptegesprek dat je graag wilt. Zorg dus dat je één vraag stelt, en blijf daarbij. De ander weet duidelijk waar hij op moet antwoorden en geeft daardoor – als het goed is – ook een helderder antwoord. Resultaat: een helder gesprek, zonder ruis en je krijgt duidelijke informatie terug waar je weer op kunt doorvragen.

Nu je dit weet: kijk en luister eens naar gesprekken en interviews met extra aandacht voor cocktailvragen. Wat is het effect daarvan op de gesprekspartner? En op het gesprek zelf?

Vage vraag

De vage vraag is een vraag waarbij de ander moet raden wat jij verstaat onder een bepaald concept. Mijn lief heeft de gewoonte om op zondagochtend, vlak na het wakker worden, te vragen: 'Is het al laat?' Een vage vraag, waarbij ik dan moet bepalen wat 'laat' is. De eerste keer antwoordde ik maar met 'ja'. Het was 10.00 uur en dat vond ik niet per se vallen in de categorie vroeg, dus dan maar bestempelen als laat. Mijn lief vroeg hoe laat het dan precies was. '10.00 uur,' zei ik. Hij lachte me uit. 'Da's nog hartstikke vroeg!' zei hij.

Maak in je vraag dus duidelijk waarnaar jij precies op zoek bent. Stel een heldere vraag, waarbij de ander geen betekenis hoeft te geven aan een idee of concept.

Dus niet:

- Is die toren hoog?
- Was de lasagne smaakvol?
- Was ze dik of dun?

Maar liever:

- Hoe hoog is die toren?
- Hoe smaakte de lasagne?
- Welke maat had ze?

Onterechte of-ofvraag

Wil je pindakaas of hagelslag? Een vraag stellen met twee opties erin is niet verkeerd, zeker niet als de ander een kind is en je gewoon nu even moet weten of er pindakaas of hagelslag op een boterham moet. Alleen: vaak presenteren we twee mogelijke opties terwijl er in werkelijkheid meer zijn.

Wil je vandaag of morgen vergaderen?

- Misschien is overmorgen of volgende week ook wel een optie.

Zal ik dat aan Bart of Karel voorleggen?

- Misschien is het ook een optie om het aan Marieke, Karim of Merel voor te leggen.

Ben je vegetariër of eet je vlees?

- Er zijn natuurlijk meer opties hier: veganistisch, wel vis, geen vlees et cetera.

Wil je hier links- of rechtsaf?

- Rechtdoor of terug kan natuurlijk ook.

We gaan er snel van uit dat de vragensteller het wel bij het rechte eind zal hebben en dat er daadwerkelijk maar twee opties zijn. Als we de vraag en de opties wat beter bekijken, is dat eigenlijk zelden zo. Dit is een beetje een luie vraag: je legt iemand twee opties voor die je toevallig zelf bedacht hebt, maar vaak zijn er meer.

Maak er dan een open vraag van: Wat wil je op je boterham? Wanneer wil je vergaderen? Welke kant wil je op?

Half gebakken appeltaart: een vraag die niet op zichzelf staat

Veel van de vragen die we stellen, zijn maar half af. We serveren onze gesprekspartner als het ware half afgebakken appeltaart. Het is nog amper als appeltaart te herkennen, je weet niet precies wat je proeft en waar je op moet reageren. Zo werkt het ook met vragen: de ander weet niet meer precies welk antwoord hij nu zou moeten geven wanneer je een vraag stelt die 'niet op zichzelf staat'. Een vraag die op zichzelf staat (de Engelsen hebben er een mooier woord voor: *self-contained*) betekent dat je een complete, duidelijke, heldere vraag stelt.

Na de opmerking 'Bram was weer lekker bezig', kun je natuurlijk enkel vragen 'Wat bedoel je?'. Je gesprekspartner zal zelf invullen dat je wilt weten wat hij met die opmerking over Bram bedoelt. Maar de vraag 'Wat bedoel je?' is op zichzelf niet helder, niet compleet. Het is niet duidelijk waarnaar de vraag verwijst. Er moet nog een stukje tekst bij in de vraag. Wat bedoel je met... In dit geval: Wat bedoel je met 'lekker bezig'?

In het voorbeeld van Bram geen ramp, maar als je een uitgebreider verhaal te horen krijgt, wordt het onhandig.

Bijvoorbeeld:

> Ik liep dus met Anna langs het kanaal en daar zat die ene man, die ken jij ook wel. Die zat daar op een bankje met een kinderwagen. Hij keek naar ons en hij riep iets. Het was heel raar en wij wisten niet goed hoe we moesten reageren.

Als je dan vraagt: 'Wat bedoel je?' is niet duidelijk of je naar de man verwijst, naar Anna, of naar wat de man riep, of naar *wíé* de man riep.

Een op zichzelf staande vraag is compleet, helder, duidelijk en makkelijk te beantwoorden. Er is geen twijfel over welke informatie je wilt hebben met je vraag. Je vraagt dan bijvoorbeeld: Wie is Anna ook alweer? Welke man die ik ook ken bedoel je precies? Wat riep die man precies? Naar wie riep die man? Wat was er heel raar?

Op deze manier blijf je dicht bij het verhaal van de ander, is je vraag duidelijk en krijg je precies de informatie die je wilt.

In dit hoofdstuk leerde je vraagvaardigheden: de vraagtheorie van 'naar boven en naar beneden' is je belangrijkste handvat. Je weet wat het hittepunt is en hoe je daarop kunt doorvragen om tot nieuwe inzichten te komen. Je hebt veelvoorkomende vraagvalkuilen gezien en hoe je ze voorkomt. In hoofdstuk 5, het laatste hoofdstuk, kijken we verder na de vraag. Hoe houd je een verdiepend gesprek goed op gang?

5

Van vraag naar gesprek

Een wijde blik verruimt het denken

– Loesje

Je hebt gewerkt aan je socratische houding, je luistervaardigheden, je bent open en nieuwsgierig, je hebt je verdiept in vraagvalkuilen en -technieken en je stelt een goede vraag. En dan? Hoe kom je van een enkele vraag naar een gesprek waar diepgang en flow in zit?

Dominosteentjes

Een goed gesprek, waar vraag en antwoord mooi in elkaar overvloeien, kun je vergelijken met domino. In het ouderwetse dominospel, waarbij je steentjes met ogen op elkaar moet laten aansluiten, moet een steentje met vier ogen aansluiten op een steentje met vier ogen. Niet op een steentje met drie ogen, of vijf of zes. Net als de dominosteentjes moeten vraag en antwoord bij elkaar passen. Vaak is dat niet zo; dan leggen we een zes aan een vier en een één aan een vijf.

Dan stellen we een gesloten vraag en antwoordt de ander met een ellenlange monoloog. Of je stelt een open vraag en je krijgt alleen een 'ja' of 'nee' terug. In veel gesprekken praten mensen langs elkaar heen: je gesprekspartner luistert maar half naar je vraag, heeft een eigen associatie en gaat daarop door. Jij hebt niet eens door dat je geen écht antwoord op je vraag kreeg, want je bent zelf ook alweer door aan het associëren. Veel gesprekken bestaan eerder uit het over elkaar heen leggen van beweringen, anekdotes en meningen dan uit dominosteentjes: vragen, antwoorden en reacties die écht goed op elkaar aansluiten.

Twee monologen maakt nog geen dialoog

Zoals Pepijn, die vertelde: 'Ik was laatst op een feestje van mijn schoonvader, en hij was aan het praten met generatiegenoten. Wat me opviel was dat zij allemaal de gewoonte hadden om elkaar te vertellen hoe goed ze hun zaken geregeld hadden. Pensioen, beleggingen, et cetera. Niemand stelde een ander een vraag. Wanneer iemand een verhaal had verteld, ging de volgende er gewoon overheen met zijn eigen ervaringen.'

Het voeren van een goed gesprek is niet een vaardigheid waarmee we worden geboren of die we zomaar cadeau krijgen, dat zul je door training en oefening moeten ontwikkelen.

Check de dominosteen: past het?

De makkelijkste manier om dominosteentjes te checken – dus om na te gaan of het antwoord van de ander wel bij jouw vraag past – is even weg te blijven van de inhoud, en in plaats daarvan de structuur van vraag en antwoord te checken. Volgt er op een ja/nee-vraag ook echt een ja of nee? Als je iemand twee keuzes voorlegt, maakt hij dan ook een keuze of steekt hij een heel verhaal af? Als je vraagt 'Hoe laat is het?' krijg je dan ook echt een tijd te horen of iets anders?

Registreer je dat het iets anders is dan waar je om vroeg, dat de dominosteentjes niet matchen, dan zul je, voor de helderheid in het gesprek, moeten ingrijpen. Je vraag gewoon herhalen werkt meestal het best. Beter dan de ander betweterig wijzen op het feit dat hij niet goed naar je vraag luisterde.

Een voorbeeld dat ik laatst hoorde in de tram van Amsterdam:

A: 'Heb je zin in sushi?' (ja/nee-vraag)

B: 'Ik heb laatst ergens sushi gegeten, dat was niet te doen. Het restaurant zat overvol, tot drie keer toe kregen we onze gerechtjes niet helemaal compleet en de bediening was gewoon gehaast en onaardig.'

Een simpel pietluttig voorbeeldje over sushi, maar wel duidelijk hoe dominosteentjes niet op elkaar aansluiten. Vervelender én moeilijker wordt het als het onderwerp spannender, lastiger, intiemer en kwetsbaarder is. De ander zal juist willen ontsnappen aan moeilijke vragen of niet willen toegeven dat-ie het even niet weet.

Een voorbeeld: Tarik en Anne zijn de ouders van Sam. Sam is met Pieter uit geweest, ze hebben drugs gebruikt en zijn in wat problemen beland.

ANNE: 'Vind je dat we Sam moeten verbieden om nog uit te gaan met Pieter?'

TARIK: 'Ik vind Pieter op zich een aardige jongen hoor, maar ik maak me wel een beetje zorgen gezien de laatste keer dat ze uitgingen. Toen zijn er wel wat dingen voorgevallen waarvan ik nu denk: tsja, moeten we dat willen...'

Je ziet dat Anne een ja/nee-vraag stelt, en dat Tarik zijn gedachten deelt. Dat levert ook een gesprek op, maar meer aan de oppervlakte. Het wordt nog zoeken naar het uiteindelijke antwoord van Tarik, in de woordenbrij die volgt.

Wil je diepgang, helderheid en scherpte, geef dan éérst antwoord op de vraag en deel daarna je argumenten, zorgen en overwegingen. Die zijn dan makkelijker te onderzoeken en te bevragen.

Het is moeilijker en spannender, eerst stelling nemen. Maar het maakt de zaak wel duidelijker:

ANNE: 'Vind je dat we Sam moeten verbieden uit te gaan met Pieter?'

TARIK: 'Ja, ik vind van wel'.

ANNE: 'Waarom vind je dat?'

TARIK: 'Omdat de laatste keer dat ze uitgingen, er problemen van kwamen. Pieter is een aardige jongen, maar heeft wat gewoontes die geen goede invloed hebben op Sam. Ik

> denk dat het goed is om het voorlopig, zeg drie maanden, niet toe te staan. Wat denk jij?'

In de tweede versie van het gesprek is het veel duidelijker waar Tarik staat, en welke argumenten hij daarvoor heeft. De vragen en antwoorden passen als dominosteentjes in elkaar.

Een tijdje geleden was ik de gast in een podcast van Mark Eikema, *Mark in the Middle*. Het werd een mooi gesprek, ons contact was goed. We hadden het bijna twee uur lang over vragen stellen, waarom we dat zo vaak niet doen, waarom we er zo slecht in zijn en hoe de wereld eruit zou zien als we er meer aandacht aan zouden besteden. Mark was het met me eens: we mogen elkaar meer en vooral beter bevragen, om zo ook kwalitatief betere gesprekken te ervaren.

Zowel voor als na de opname zaten we lekker ongedwongen te kletsen. In de podcast vertelde ik over de ervaring aan de lunchtafel die ik aan het begin van dit boek beschreef, het gesprek over kinderen. Daar kwamen we nog even op terug. Ik deelde mijn twijfels en gedachten over het wel of niet aan kinderen beginnen, Mark zei dat het vreemd is dat we wel aan kinderlozen vragen waarom ze geen kinderen hebben, en zelden aan mensen met kinderen waarom ze er wél voor hebben gekozen. Hij vertelde ook over zijn eigen kinderen: dat hij ontzettend van ze genoot, maar dat het bij vlagen ook weleens vermoeiend was en zwaar. Dat hij van tevoren niet had kunnen inschatten welke impact het had, en dat hij een leven zonder kinderen ook zeker had kunnen waarderen. Op een gegeven moment vroeg ik hem: 'Zou je het opnieuw doen als je voor de keuze stond?' Een spannende, intieme vraag natuurlijk. Eentje waarvoor je je kwetsbaarheid moet durven tonen. Ons contact was goed genoeg om die vraag in alle openheid te kunnen stellen.

Mark begon te vertellen. 'Als ik kijk naar hoe we het nu hebben en hoe we waren toen we voor de keuze stonden...' enzovoort.

Mijn vraag was een ja/nee-vraag. Wil je de diepte in en scherpte opzoeken (en dat wilden we, allebei) dan beantwoord je eerst de vraag met ja of nee, en zoek je daarna pas de nuance op.

Maar dat zijn we niet gewend, zeker niet als het spannend is. En dat is een vraag als deze natuurlijk: spannend. We hadden net twee uur zitten kletsen over de kunst van het vragen stellen én goede gesprekken voeren, dus Mark keek me aan en zweeg even. Ik zei: 'Je weet dat dit een ja/nee-vraag was, hè?'

'O ja, en ik begin meteen te ouwehoeren. Daar kom ik normaal wel mee weg maar nu natuurlijk niet. Oké, dan ga ik mijn best doen en je vraag beantwoorden.

...

Ja, ik zou het wel opnieuw doen. Omdat, als ik kijk naar hoe mijn leven er nu uitziet...'

Wat volgde was een genuanceerd en helder verhaal waar we op door konden vragen en waar ruimte was voor nieuwe inzichten. Mark had deze vraag nog nooit voor zichzelf op deze manier beantwoord en kwam zo opvattingen en gedachten tegen waarvan hij niet wist dat-ie ze had.

Een dialoog is geen monoloog

Voor een goed gesprek wil je dat de dominosteentjes op elkaar aansluiten, én dat je om en om een steentje legt. Je wilt niet dat iemand al zijn stenen op tafel kwakt en geen ruimte laat voor de ander. Je spreekt niet om te spreken, je spreekt om gehoord te worden. Als het goed is. Dat betekent dat je niet kunt verdwijnen in je eigen verhaal, maar dat je contact moet blijven houden met je gesprekspartner. Dat doe je natuurlijk non-verbaal met je blik en houding, maar ook in tekst. Vaak steken mensen een monoloog af met veel moeilijke woorden, juist om de ander (bewust of onbewust) te imponeren en van zijn sokken te blazen. Om indruk te maken, om slim te lijken. Dan voer je niet meer een gesprek, dan vier je een *solo party*. Het afsteken van een monoloog is vaak maar voor een iemand interessant en leuk: voor de spreker.

Een van Socrates' gespreksregels is: spreek kort en bondig. In de dialoog met Protagoras, zoals te lezen in het artikel 'Het socratisch gesprek als instrument voor teamreflectie' van Hans Bolten, eist Socrates dat zijn gesprekspartner stopt met het afsteken van onbegrijpelijke monologen. Die zijn voor Socrates niet te volgen.

> SOCRATES: Protagoras, ik heb het ongeluk erg vergeetachtig te zijn: als men lange redes houdt, vergeet ik waarover er spraak is. Beknot, om mijnentwil, uw antwoorden en maak ze korter, als ge wilt dat ik volg.
>
> PROTAGORAS: Korte antwoorden vraagt ge me dus; maar hoe bedoelt ge dat? Zal ik korter antwoorden dan nodig is?

> SOCRATES: Helemaal niet.
>
> PROTAGORAS: Juist wat nodig is?
>
> SOCRATES: Precies.
>
> – Protagoras, 334e

Bolten schijft: 'Door die eis raakt Protagoras geïrriteerd. Hij is namelijk gewend om te spreken zoals hem dat goeddunkt – veel en met moeilijke woorden – want alleen zo kan hij "een sterke debater lijken". Kortom, Protagoras is niet van zins zich naar Socrates' wens te schikken. Daarop speelt Socrates zijn laatste en sterkste troef uit: hij dreigt op te stappen.'

Socrates zegt:

> Luister eens, Protagoras, ik dring er evenmin op aan de conversatie voort te zetten, als 't u niet schikt; maar wilt ge converseren op zo'n wijze dat ik u volgen kan, dan ben ik uw man. [...] Nu ge dit echter weigert te doen en ik nog een en ander te verrichten heb, zodat ik toch niet lang genoeg zou kunnen blijven om uw langgerekte redevoeringen bij te wonen... Ik moet namelijk zelf nog ergens zijn, dus ga ik maar.
>
> – Protagoras, 335c

Bolten beschrijft vervolgens hoe de menigte die zich had verzameld om naar de twee mannen te luisteren, verbijsterd reageert. Ze proberen Socrates over te halen om het gesprek toch please alsjeblieft voort te zetten. Uiteindelijk stemt Protagoras ermee in en committeert zich eraan op een korte en begrijpelijke manier te zeggen wat hij wil zeggen. En dat was het hele punt van Socrates.

Bolten schrijft: 'En pas dán kan Socrates de kwestie onderzoeken die eerder in het gesprek tussen beide heren al werd genoemd: zijn deugden als geleerdheid, wijsheid, dapperheid, rechtvaardigheid en vroomheid verschillende woorden voor een en hetzelfde ding, de deugd, of zijn het vijf wezenlijk verschillende zaken?' (Hans Bolten, 2003)

Doorvragen: hoe doe je dat?

Een van de meest gestelde vragen tijdens cursussen en workshops die gaan over vragen stellen, is: hoe moet ik goed doorvragen? Goed doorvragen levert je verdieping op in je gesprekken. Je komt verder dan de oppervlakkigheid van het gemiddelde koetjes-kalfjesgesprek. Je leert de ander beter kennen en er is ruimte voor kwetsbaarheid. Maar hoe doe je dat, goed doorvragen? Waar begin je? Waarop kun je eigenlijk allemaal doorvragen? Welke methoden voor doorvragen zijn er? Hoe vraag je door zonder op tenen te trappen? Hoe kun je confronteren met doorvragen?

Wat is doorvragen? En wat is het niet?

Doorvragen is ervoor zorgen dat een uitspraak, standpunt of verhaal wordt uitgediept. Het verbreedt niet, er komen geen nieuwe verhalen of nieuwe concepten bij, maar je duikt dieper in de materie die al op tafel ligt. Heb je een gesprek over het wel of niet inenten van kinderen, dan kun je doorvragen naar het waarom van een standpunt, je kunt doorvragen naar voorbeelden, je kunt doorvragen naar andere verhalen. Als je een vraag stelt die niet gaat over het inenten van kinderen, maar een ander gespreksonderwerp aansnijdt dat er niets of slechts weinig mee te maken heeft, dan ben je niet aan het doorvragen maar start je een nieuw gesprek.

Doorvragen kan hetzelfde effect hebben als een waarom-vraag: iemand voelt zich in de verdediging gedrukt. In zekere zin is dat natuurlijk ook zo, want je vraagt iemand zijn standpunt of uitspraak te onderbouwen. De ander komt niet meer weg met een opmerking als 'mensen die een uitkering krijgen zijn gewoon lui'. Je vraagt degene die deze uitspraak doet naar zijn argumenten, naar zijn bewijs voor die uitspraak.

Sommige mensen vragen precies daarom niet door: ze willen het de ander vooral niet moeilijk maken en de relatie goed houden. 'Ik kan de ander toch niet ter verantwoording roepen? Wie ben ik om te vragen naar argumenten en redenen?' zeggen ze dan.

Waarom niet? Sinds wanneer is het een slecht idee om iemand te bevragen op wat hij of zij zegt? Sinds wanneer zou je iemand niet mogen vragen om zijn achterliggende bewijs en argumenten? Je vraagt de ander verantwoordelijkheid te nemen voor zijn uitspraken. Uitspraken die, als het goed is (maar vaak genoeg ook niet), ergens op gebaseerd zijn. Wat mij betreft zijn we eerder te voorzichtig in het doorvragen. Juist omdat we niet voldoende doorvragen, komt je gesprekspartner soms weg met een onbenullige opmerking, een simpele uitspraak of ondoordachte bewering.

Natuurlijk valt of staat goed doorvragen met je nieuwsgierige, socratische houding. Wanneer je doorvraagt met een veroordelende blik of stem, bereik je het tegenovergestelde. Je moet écht nieuwsgierig zijn naar de denkconstructie áchter een uitspraak. Soms zorgt doorvragen alleen al voor reflectie bij je gesprekspartner: klopt het eigenlijk wel wat ik zeg? Ik dénk wel dat het zo zit, maar ben ik dan niet te snel?

Doorvragen = analytisch denken en luisteren

Om goed door te vragen zul je allereerst scherp moeten luisteren naar wát iemand precies zegt. Je koppelt je een beetje los van de inhoud, bent niet bezig met je eigen standpunt, wilt de ander niet overtuigen, je gaat niet in discussie. Je luistert socratisch, zuiver, en oppervlakkig naar taal. Je parkeert empathie even in de koelkast, bent niet aan het troosten, repareren of adviseren. Je bent vooral nieuwsgierig naar wat er achter een statement of uitspraak zit. Je bent bezig met twee vragen: Wat zegt iemand nu letterlijk? Wat zit hierachter?

Je analyseert voor jezelf: Wat voor soort uitspraak doet iemand? Is het coherent met wat eerder gezegd is, of spreekt de ander zichzelf tegen? Door dat soort dingen te registreren wordt doorvragen een heel stuk makkelijker dan wanneer je je laat meeslepen door de inhoud.

Voor doorvragen heb je dus afstand nodig: afstand tot je gesprekspartner en afstand tot de inhoud.

Bevraag het vanzelfsprekende

De makkelijkste manier van doorvragen is dat wat vanzelfsprekend is, bevragen. Vaak vullen we in, denken we wel te begrijpen wat de ander bedoelt. Als je socratisch luistert, alleen maar naar taal, dan ploppen de vragen vanzelf in je op.

Als iemand zegt 'leraren moeten niet zo klagen, ze zijn gewoon onterecht aan het zeuren', dan is het eerder de gewoonte om mee te praten óf er tegenin te gaan, het er wel of juist niet mee eens te zijn, dan te bevragen. 'Ja, dat vind ik nou ook,' zeggen we dan. Of: 'Nou, mijn tante is lerares en die heeft het best wel zwaar hoor.' Als je socratisch luistert en het vanzelfsprekende bevraagt, dan zeg je bijvoorbeeld: 'Wat doen die leraren dan, wat jij "zeuren" noemt?' Of: 'Wat maakt dat zeuren onterecht?'

De ander krijgt het misschien even moeilijk, sputtert wat 'dat snap je toch zelf ook wel, jij ziet ze toch ook in de media', maar als je volhardt in je vraag, kan het niet anders dan dat de ander expliciet moet gaan maken wat hij impliciet, onbewust denkt en gelooft.

Oefening: het vanzelfsprekende bevragen

Vraag iemand om deze oefening samen met jou te doen. Geef hem of haar de volgende opdracht: schrijf eens een standpunt op dat voor jou heel vanzelfsprekend is. Misschien heeft diegene een sterke mening over auto's, filerijden, #MeToo, de politiek of religie. Neem één standpunt en maak daar een bewering/argument van.

Bijvoorbeeld:
Ouders moeten hun kinderen vaccineren, want dat komt de gezondheid van de totale samenleving ten goede. Die ouders die dat niet willen moeten niet alleen maar aan zichzelf denken en meer aan het grote belang.

Vervolgens trek je voor jezelf de handrem aan: je bedenkt niet of *jij* het ermee eens bent of oneens, je wilt iemand niet op andere gedachten brengen, je wilt alleen maar het vanzelfsprekende onderzoeken. Dus je stelt vragen, juist de 'domme vragen'. Vragen die het voor de hand liggende in twijfel trekken.

Bijvoorbeeld:

- Denken ouders die niet willen vaccineren alleen maar aan zichzelf?
- Waarom is het belangrijk om aan het grote belang te denken?
- Hoe komt het inenten van kinderen de gezondheid van de samenleving ten goede?
- Is het slecht om aan jezelf te denken?
- Hoeveel moet je aan jezelf denken en hoeveel aan anderen?

Twee richtingen om op door te vragen

Globaal kun je op twee richtingen doorvragen: in de denkrichting van je gesprekspartner, om te onderzoeken wat erachter ligt aan vooronderstellingen, aannames en ideeën.

Of je onderzoekt samen juist het standpunt dat tegenovergesteld is aan dat van je gesprekspartner.

Doorvragen in eigen denkrichting:	**Ander standpunt onderzoeken:**
Hoe weet je dat zeker?	Denkt iedereen er zo over?
Welk argument heb je daarvoor?	Wat zou iemand zeggen die het niet met je eens is?
Waar baseer je dat op?	Kan het ook anders zijn?

Wanneer je doorvraagt in de denkrichting van je gesprekspartner, graaf je je als het ware verder in, in het denken van de ander. Waar baseert hij zijn uitspraken op? Welke vooronderstellingen liggen erachter? Welke denkconstructie heeft hij of zij gebouwd, en klopt die constructie ook?

Doorvragen in de tegenovergestelde denkrichting vraagt lenigheid van je gesprekspartner. Kan hij ook de tegenovergestelde mening begrijpen, invoelen?

Er is geen gouden regel over wanneer je welke richting zou moeten kiezen. Het is wel handig om eerst het standpunt van je gesprekspartner helemaal duidelijk te hebben en te begrijpen, voordat je hem uitnodigt tot het onderzoeken van andere opties.

Oefening: twee richtingen doorvragen

De volgende keer dat je iemand een uitspraak hoort doen waar je op wilt doorvragen: wees je eens bewust van deze twee richtingen. Vraag eerst door in de richting van het denken van je gesprekspartner: Hoe weet je dat? Wat maakt dat je dat zegt? Hoe werkt dat precies? Als jij oprecht het gevoel hebt dat je het denken van de ander begrijpt (en dat is dus iets heel anders dan het er wel of niet mee eens zijn!), dán pas wissel je van richting en onderzoek je de andere kant: is dat altijd zo? In welke gevallen zou het anders kunnen werken? Hoe zou iemand hierover denken die...?

De simpelste manier van doorvragen: echovragen

De echovraag is er zo eentje die je altijd, overal kunt inzetten, zeker als je het even niet meer weet en toch wilt doorvragen op wat iemand zegt. De echovraag zorgt ervoor dat je in de tweede positie blijft luisteren, dat je zelf geen suggesties doet of nieuwe concepten introduceert, dat je niet invult of aanneemt. De echovraag is dé manier om bij (het verhaal van) de ander te blijven en tegelijkertijd te verdiepen en onderzoeken wat diegene zegt. Stel je vraag eens als een echoput: gebruik letterlijk de woorden van de ander. Niet ongeveer, in je eigen woorden, maar echt letterlijk.

Wanneer je collega zegt: 'Ik had een gesprek met Jim en dat was weer een heel gedoe' kun je vragen: 'Wat was weer een heel gedoe?'

Een vriendin die klaagt over haar vriend en zegt 'Kris is zo'n enorme sukkel', vraag je bijvoorbeeld: 'Wat maakt Kris zo'n enorme sukkel?'

Je kaatst de woorden van de ander letterlijk terug, precies als een echoput dat zou doen.

Een paar voorbeelden van slechte en goede echovragen:

Die bijeenkomst duurde eindeloos.

NIET: Wat maakte die vergadering zo lang? Wie zorgde er voor zoveel vertraging?

WEL: Waarom duurde die bijeenkomst eindeloos?

Henk zijn moeder was weer lekker bezig.

NIET: Wat heeft ze dan gedaan? Wat heeft ze nu weer gezegd?

WEL: Hoe was zij weer lekker bezig? Wat bedoel je met 'Henk zijn moeder was weer lekker bezig'?

Ik vind dat echt een belachelijke actie.

NIET: Hoezo vind jij dat een idiote actie? Waarom vind jij dat stom?

WEL: Welke actie vind jij echt belachelijk? Wat vind jij een echt belachelijke actie? Waarom vind jij dat echt een belachelijke actie?

In de voorbeelden zie je dat je in de goede echovragen heel dicht bij de ander blijft. Je brengt zelf geen nieuwe concepten in, je parafraseert niet. Dat zorgt ervoor dat de ander zich gehoord voelt en dóór kan denken in zijn eigen lijn. Dat voelt in het begin soms wat vreemd. Iemand zei eens tijdens de training De kunst van het vragen stellen: 'Maar dit voelt zo nep, de ander heeft dat dan toch door?' Zijn gesprekspartner gaf juist aan dat hij dat idee helemaal niet had, dat hij zich heel erg begrepen voelde en alle ruimte kreeg om zijn verhaal te vertellen.

Natuurlijk is dit niet iets wat je bij iedere vraag gedurende tien minuten moet doen; je wordt dan al snel als een papegaai ervaren. Maar maak je niet teveel zorgen dat dat gebeurt en experimenteer veel met die echovraag: vaak zit dat papegaai-idee eerder in je eigen hoofd dan dat je gesprekspartner dat werkelijk zo ziet.

Doorvragen op concepten

In een uitspraak of vraag zit vaak een centraal concept: dat waar het uiteindelijk echt om gaat.

Een concept is een thema, een idee, datgene waar het écht om gaat. Een concept is meestal niet meer dan één woord dat als een soort paraplu boven een uitspraak of vraag hangt.

Concepten leren herkennen helpt je beter doorvragen en scheidt hoofd- van bijzaken.

Iemand zegt bijvoorbeeld: 'Je moet ouders zelf laten beslissen of ze hun kinderen laten inenten, dat kun je niet van buitenaf opleggen.' Het centrale concept hier is 'autonomie'. Blijkbaar vindt de ander dat belangrijk, daar gaat het om.

Over hetzelfde onderwerp zou iemand kunnen zeggen: 'Inenten is iets wat je centraal moet regelen en bepalen. Stel dat niemand zijn of haar kinderen inent, dan hebben we straks last van allerlei ziektes waar we nu een redelijk goede controle over hebben.' Het centrale concept hier is bijvoorbeeld 'controle'.

De twee meningen hierboven staan haaks op elkaar. Je ziet: deze twee mensen zijn het niet met elkaar eens. Als je alleen naar de concepten kijkt, zie je dat het klopt: autonomie en controle zijn elkaars tegenovergestelde. Leren hoe concepten werken, leren een centraal concept te benoemen, levert je veel helderheid op. In je eigen denken, maar ook in gesprekken en zeker wanneer je goed wilt kunnen doorvragen.

Vragen die je hier zou kunnen stellen zijn bijvoorbeeld:

- Gaat autonomie van ouders boven alles?
- Is het erg om een stuk autonomie af te staan?
- Wat zijn de consequenties als we ouders hierin volledige autonomie geven?

Of:

- Waar houdt controle op en begint autonomie?
- Hoe ver moet je gaan met controle in wat ouders doen en laten?

Stel dat een vriendin het volgende tegen je zegt: 'Ik heb met mijn zus afgesproken dat we om de beurt onze moeder bellen. Die zit zo vaak alleen, maar zij woont het dichtstbij en ik woon verder weg. Ik vind eigenlijk dat zij mama wat meer moet ondersteunen. Dat is voor haar veel makkelijker.'

Ga dan eens na welk concept iemand hier eigenlijk neerlegt. Waar gaat het de ander precies om? Als je dat centrale concept eruit kunt halen, weet je veel beter waarop je kunt doorvragen. Als je gewoon maar in het wilde weg zou gaan vragen, is de kans groot dat je aanhaakt op wat jóú toevallig interesseert of wat jij interessant vindt. Je dwarrelt dan af van de gedachtegang van de ander, terwijl je daar juist zo dichtbij mogelijk wilt blijven.

Oefening: concepten herkennen

Kijk eens naar de volgende uitspraken en probeer het centrale concept (één woord) te herkennen.

1 Zwarte Piet moet zwart blijven, want het is een kinderfeest. Het is altijd al zo geweest, waarom zou je dat nu ineens gaan veranderen?
2 Ik ben bewust vegetariër. Ik vind dat het oneerlijk is om dieren die er niet om gevraagd hebben voor ons eigen plezier te gebruiken.
3 Er moeten automaten komen voor maandverband en tampons, zodat vrouwen daar gratis gebruik van kunnen maken. Het klopt niet dat vrouwen meer kosten maken dan mannen, simpelweg omdat ze vrouw zijn.
4 Vrijheid van meningsuiting was en is een belangrijke voorwaarde om de burger volwaardig deel te kunnen la-

ten nemen aan het publieke debat. Zonder vrijheid van meningsuiting is het aan de kaak stellen van allerlei kwesties onmogelijk. Zonder vrijheid van meningsuiting geen mogelijkheid voor de burger om mede invloed uit te oefenen op het bestuur.

Oefening: doorvragen op concepten
Pak een krant, of een blad met daarin een interview, opiniestuk of ingezonden brieven. Lees een uitspraak of alinea en probeer eerst het centrale concept te herkennen. Bedenk vervolgens drie vragen die je de ander zou kunnen stellen.

Deze oefening zorgt ervoor dat het je in een gesprek ook sneller lukt om eerst concepten te herkennen en daarna een goede vraag te stellen.

Confronteren met je vraag

In een gesprek de ander confronteren met een goede vraag: zo'n vraag waardoor de ander meteen moet nadenken over wat-ie zojuist gezegd heeft. Een fijne vaardigheid om te beheersen, want je brengt er menig gesprekspartner mee aan het denken. Maar hoe doe je dat eigenlijk? Hoe kun je op zo'n manier een vraag stellen dat de ander moet reflecteren op wat hij zegt? En misschien wel geconfronteerd wordt met zijn eigen bullshit/denkfouten/rommelige uitspraken?

In een blogartikel van Ariane van Heijningen, praktisch filosoof, krijgen we de volgende tips en ideeën voorgeschoteld over het goed confronteren met je vragen.

Vaak vinden we het moeilijk en spannend om een ander te confronteren met zijn uitspraken, uit angst voor conflict of ruzie. In onze beleving leidt confronteren al snel tot onenigheid, ruzie, ongemak, gedoe. We houden er, als het gaat over confronteren, nogal wat aannames op na:

- Confronteren leidt tot conflict. De ander is waarschijnlijk geraakt door mijn vraag, zit er niet op te wachten en zal verdedigend reageren.
- Confronteren is spannend; de relatie loopt gevaar.
- Om te kunnen confronteren moet ik slim zijn en veel van de inhoud weten.

Wanneer je je de socratische houding eigen maakt en je vraag stelt op een niet-veroordelende manier, is confronteren met een vraag helemaal niet zo moeilijk.

Wat is confronteren?

Confronteren is in de meest letterlijke betekenis: tegenover elkaar stellen. En dat is precies wat confronteren is, niet meer en niet minder. Je geeft terug wat je krijgt. Je spiegelt wat je hoort. Op een socratische manier confronteren betekent niets meer dan dat je de ander zijn eigen uitspraken teruggeeft, zodat hij of zij er zelf over na kan denken. Het is niet: boven de ander staan, een ander naar beneden halen, je gelijk halen, een ander corrigeren. Het is wel: goed luisteren en teruggeven.

Wanneer wil je iemand confronteren?

Je wilt iemand confronteren met zijn eigen uitspraken als:

- iemand onduidelijk is,
- iemand veel woorden gebruikt maar eigenlijk weinig zegt,

- iemand zichzelf tegenspreekt,
- iemand een denkfout maakt.

Op deze manier confronteren suggereert dus ook dat je niet veel hoeft te weten over de inhoud van de uitspraak waarmee je de ander confronteert. Je luistert op de manier die je in dit boek hebt geleerd: wat-bedoel-je-precies-luisteren. Je luistert oppervlakkig, op taalniveau, naar iemands uitspraak, de structuur ervan, de concepten die iemand aanhaalt, eventuele tegenspraak. Hoe onwetender je bent, hoe meer je in staat bent om het vanzelfsprekende te bevragen. En dát zet de ander nou juist vaak aan het denken.

Je wilt iemand niet confronteren als:
- je alleen maar een discussie wilt winnen,
- de ander je irriteert en je hem dat duidelijk wilt maken,
- je er geen zin in hebt, de ander wellicht nooit meer ziet en het je weinig kan schelen als de ander onzin uitkraamt.

Ga je toch confronteren terwijl je wilt winnen, of al heel geïrriteerd bent, dan wordt je confrontatie waarschijnlijk een verwijt. En daarmee creëer je wat je juist niet wilt: ruzie of conflict. Confronteren met je vraag is gebaat bij een flinke portie schoon luisteren, rust en empathische nulstand.

Hoe kun je dan confronteren met een vraag?

Hoe confronteer je dan op socratische wijze? Als je een-op-een in gesprek bent? Je kunt bijvoorbeeld confronteren met je vraag door simpelweg (een deel van) de uitspraak van de ander te herhalen. Denk aan de echovraag die je eerder ontdekte.

Bijvoorbeeld:

- 'Alle mensen die een uitkering hebben zijn gewoon lui.'
- 'Alle?'

Of:

- 'Ben is zó ontzettend arrogant!'
- 'Arrogant?'

Nog een simpele manier om te confronteren is de houding aan te nemen van een naïeve verwonderde kabouter, en te vragen om uitleg. Gewoon, letterlijk vragen om uitleg.

Bijvoorbeeld:

- 'Mensen die een uitkering hebben zijn gewoon lui.'
- 'Die zijn lui? Wat bedoel je precies?'

Of:

- 'Doordat al die vrouwen nu zeuren over #MeToo kun je als man straks helemaal niks meer!'
- 'Hoe werkt dat precies? Dat door het zeuren van vrouwen over #MeToo, mannen niks meer kunnen?'

Of:

- 'Je weet hoe die mensen zijn!'
- 'Nee. Hoe zijn ze precies?'

Je confronteert iemand die geen antwoord geeft op de vraag, door dat letterlijk te benoemen en vervolgens je vraag te herhalen. Dat betekent wel dat je scherp moet luisteren en in de gaten moet hebben of iemand een antwoord geeft of niet, en wat er eventueel schort aan het antwoord dat je krijgt.

- 'Wat is verantwoordelijkheid nemen?'
- 'Dat heeft te maken met durven.'
- 'Dat is geen antwoord op de vraag. Je zegt nu alleen waar het mee te maken heeft. Wat is verantwoordelijkheid nemen?'

Of:

- 'Wat is er zo gaaf aan die baan?'
- 'Dat ik er zo lang op heb gehoopt en dat ik het al zo lang wil!'
- 'Dat is geen antwoord op de vraag. Je omschrijft jouw proces voorafgaand aan de baan, maar je zegt niks over die baan zelf. Wat is er zo gaaf aan die baan?'

Wanneer iemand een enorme woordendiarree over je heen stort om de kern te verdoezelen, houd je vol. Je laat de ander niet wegkomen met die woordenbrij, je blijft verzoeken om helderheid en duidelijkheid. Ook dat is een manier van confronteren.

Bijvoorbeeld:

- 'Wanneer je beseft dat je tegelijkertijd wilt en niet wilt, je gevoel iets anders zegt dan je verstand, omdat je daarin afspraken hebt gemaakt met anderen, waar je eigenlijk onderuit wilt. Maar je weet niet hoe. En dat dat gewoon niet prettig is.'
- 'Wat zeg je nu eigenlijk?'

Ariane schrijft in haar artikel:

> Confronteren gaat over niets anders dan teruggeven wat je krijgt.
>
> Dat is confronteren. Je wijst aan. Markeert de grenzen van uitspraken. Je helpt de ander zijn eigen denken aan te scherpen. We zijn het niet gewend om te confronteren zonder oordeel. Zonder bijbedoeling. Zonder ander doel dan samen wijzer worden. Maar juist dit ontbreken van oordeel en bijbedoeling zorgt ervoor dat confronteren naar niets meer en niets minder gaat dan teruggeven wat er op tafel ligt. Heel helder. Zuiver. Prettig. En goed te doen.

Confronteren met vragen kan best een beetje spannend zijn, en dat mag ook. De ander wordt immers uitgenodigd, misschien wel gedwongen, na te denken over wat hij eigenlijk zegt. Je vraagt naar een uitleg, een onderbouwing, een verantwoording. Op zich is daar nog nooit iemand slechter van geworden.

'Maar is dat dan niet gemeen? Confronterend?' vragen mensen me weleens.

Ik denk dat het voor jezelf, de wereld, de ander en jullie gesprek nog gemener is wanneer je iemand laat geloven in zijn eigen bullshit. Samen wijzer worden gaat voor een groot deel om zin van onzin onderscheiden.

Oefening: confronteren met je vraag

Kijk de komende dagen eens kritisch naar het nieuws en registreer wanneer iemand zichzelf tegenspreekt, een heel verhaal ophangt zonder tot de kern te komen, onduidelijk is of een denkfout maakt. Bedenk steeds wat je zou kunnen vragen om de ander te confronteren met – en te laten reflecteren op – zijn gezwets, onduidelijkheid, tegenstrijdigheid of denkfout.

Heb je er vertrouwen in, probeer het dan eens in een een-op-eengesprek. Lukt dat óók en zie je het zitten, confronteer dan eens iemand in een overleg, waarbij je extra let op je eigen houding: open, zonder oordeel, verwonderd.

Doorvragen: een stel-datvraag om het denken een zwieper te geven

Wil je iemand een andere kant laten zien, het denken een beetje oprekken, wat ruimte in het hoofd gunnen, dan doet een oprechte stel-datvraag soms wonderen. Heel vaak komt er een uitspraak boven die zelfs je gesprekspartner niet had zien aankomen.

Wanneer je weet wat je denkt, kun je kiezen of je het wilt denken

Een voorbeeld van hoe een stel-datvraag enorm kan verrassen en in beweging kan zetten, is het verhaal van Brenda. Brenda zat in een van mijn eerste cursussen. De cursus heette Filosoferen in het dagelijks leven: in een groep van twaalf mensen kwamen we iedere week bij elkaar om praktische, filosofische vaardigheden te ontwikkelen. We voerden gesprekken, deden denkoefeningen en trainden het socratisch vragen stellen. Op een avond werkten we aan oordelen. Je hebt vaak een oordeel over een situatie, direct, intuïtief, zonder dat je precies weet waar je dat oordeel op baseert. Een uitgesproken oordeel is eigenlijk een eindpunt: de argumenten voor dat oordeel zijn nog verborgen. Wanneer je wordt bevraagd op je eerste, intuïtieve oordeel en je wordt je bewust van de gedachtenconstructie die jij voor jezelf hebt gebouwd, kun je er bewust voor kiezen je oordeel te behouden, of er afstand van te nemen.

Dat laatste gebeurde deze avond bij Brenda.

Ik liet de groep een gewaagde trouwfoto zien. Het bruidspaar had iets ludieks bedacht en zich op bijzondere wijze laten fotograferen. De foto was genomen vanuit de struiken en we kijken op de rug van de bruidegom, die een donkerblauw pak draagt. Hij heeft zijn broek op zijn enkels, en de bruid zit er op haar knieën voor. Het is duidelijk dat hier een seksuele handeling wordt gesuggereerd.

De vraag die de groep deze avond moest beantwoorden was: Gaat deze foto te ver? En waarom wel of waarom niet?' Iedereen gaf zijn of haar oordeel en bijbehorende argumenten. Het eerste oordeel van Brenda was: 'Ja, deze foto gaat veel te ver. Dit kan echt niet.' Maar ze wist niet zo goed waarom ze dat eigenlijk vond. Het had iets te maken met romantiek, dat moet je niet afbeelden op deze manier, vond ze.

Op een gegeven moment vroeg ik haar: 'Stel dat dit bruidspaar niet in bruidskleding was gefotografeerd, maar gewoon in hun dagelijkse spijkerkloffie; zou de foto dan ook te ver gaan?'

Brenda dacht geen seconde na en riep: 'Nee, dan gaat die foto zeker niet te ver.' En direct nadat ze het zichzelf hoorde zeggen, sloeg ze geschrokken haar hand voor haar mond. Ze realiseerde zich haar eigen verborgen norm, eentje waarvan zij zich niet bewust was. Die norm was: bruidsparen moeten kuis worden afgebeeld.

Brenda schrok van haar eigen verborgen opvatting. Zij was zelf getrouwd met een vrouw, ze hadden twee kinderen en ze zag zichzelf als heel progressief en ruimdenkend. Ze realiseerde zich dat dit een norm was die niet bij haar paste. Ze vertelde later dat haar ouders haar op een conservatieve manier hadden opgevoed en ze dacht dat het idee 'bruidsparen moeten kuis worden afgebeeld' eerder bij haar ouders hoorde dan bij haarzelf. Ze kon hierdoor heel helder zien wat ze dacht, waar ze dat denken op baseerde en van daaruit kon ze beslissen dat dit niet was wie zij wilde zijn.

Toen ik haar opnieuw vroeg naar de foto te kijken, moest ze lachen. Ze vond niet meteen dat het een machtigmooie, respectvolle foto was. Maar ze had wel de denkruimte om er een ander, gefundeerder oordeel over te vellen op een manier die beter bij haar paste.

Door je scherp te laten bevragen kom je soms meningen, oordelen, aannames of normen op het spoor waarvan je niet wist dat je ze had. Dat proces is soms pijnlijk confronterend. Socrates' techniek wordt ook wel de 'vroedvrouwentechniek' genoemd: het proces van gedachten naar buiten trekken wordt vergeleken met een geboorte. Maar achteraf, wanneer je denkmateriaal uitgestald op tafel ligt, is er ruimte. Ruimte om er opnieuw naar te kijken en opnieuw te beslissen of dit recht doet aan wie je bent en wie je wilt zijn. Het geeft je de kans opnieuw te beslissen, jezelf vorm te geven en heldere, doordachte keuzes te maken. Op die manier kun je oude denkpatronen, verroeste normen of stoffige mensbeelden werkelijk loslaten of opnieuw vormgeven. Voor dat proces heb je goede, verdiepende vragen nodig.

Oefening: stel-datvraag

Wanneer je in gesprek met iemand bent en je vermoedt dat die ander wat zou kunnen oprekken in zijn denken, en wat vast zit: probeer eens een stel-datvraag te stellen. Gebruik daarbij zoveel mogelijk de woorden van de ander.

'Stel dat Pieter X had gezegd, wat had je dan gedaan?'

'Stel dat Ramona niet was gekomen, was je dan ook zenuwachtig geweest voor het feestje?'

Laat je bevragen

De kunst van het vragen stellen ontwikkel je niet van de ene op de andere dag. Daar heb je tijd, oefening en training voor nodig. De verwonderde houding die je hebt naar anderen zul je ook naar jezelf moeten ontwikkelen. Wanneer kraam jij zelf onzin uit? Wanneer verhul jij een kern met een hoop geblaat? Wanneer spreek jij jezelf tegen? Kun jij je eigen denken ontleden, analyseren en kritisch bevragen? En laat je je kritisch aan de tand voelen door anderen? Durf je op je eerdere standpunt terug te komen, nieuwe perspectieven te onderzoeken en wellicht zelfs van mening te veranderen?

Een echte, open en verwonderde houding ontwikkel je door zelf open te staan voor vragen. Door zelf te durven twijfelen aan je eigen opvattingen, overtuigingen en vooronderstellingen. Wanneer je jezelf durft te bevragen en in twijfel te trekken, word je vanzelf opener en milder naar anderen.

De kunst van jezelf *laten* bevragen is misschien wel de allerbelangrijkste voorwaarde om de kunst van het vragen *stellen* te ontwikkelen. Hoe kun je anderen bevragen wanneer je zelf niet een open, nieuwsgierige denker bent?

Wanneer je zelf talloze keren een elenchus of aporie hebt ervaren, ben je in staat om die van de ander te begrijpen. De socratische houding is daarmee iets dat je vooral moet voorleven om het bij een ander wakker te kunnen maken. Dat betekent jezelf keer op keer bevragen op wat je zegt, en je *laten* bevragen door anderen. Wees meedogenloos in je kritische vragen. Laat jezelf nergens mee weg komen. Ga de vraag van de ander aan: ontwijk 'm niet, kraam geen onzin uit, creëer geen mist van woorden om je eigen onzekerheid of gezwets te verhullen, durf te zeggen dat je het niet weet. Durf te twijfelen en omarm het niet-weten. Durf stelling te nemen en die daarna te onderbouwen, durf van mening te veranderen.

Ontwikkel perspectivistische lenigheid in jezelf, om vervolgens anderen aan te steken met hetzelfde vuurtje.

En ik dan? Hoe krijg ik mijn standpunt over het voetlicht?

Dit hele boek ben je bezig geweest met de ander. Je hebt geleerd hoe je goed kunt luisteren, je hebt een vragende, socratische houding ontwikkeld, je eigen agenda het raam uit gesmeten, je in het denken van de ander gestort. Je weet hoe je vragen stelt, hoe je moet doorvragen en je weet van hittepunten, vragen naar boven en beneden en kernbeweringen.

Misschien lijkt het erop dat je zelf helemaal niks meer kan zeggen of vinden. Alsof een gesprek eenrichtingsverkeer is: je hoort de ander aan, stelt vragen en nog meer vragen en dat is dan dat.

Hoe en wanneer maak je ruimte voor jóúw visie? Hoe maak je de overgang van de opvattingen van de ander onderzoeken naar het delen van jouw ideeën?

Eerst begrijpen, dan begrepen worden

Ieder mens wil begrepen worden. Als we dat tegelijkertijd willen en tegelijkertijd gaan zenden, voelt uiteindelijk niemand zich begrepen. En omdat we over het algemeen heel goed weten hoe we moeten roeptoeteren en onze mening de schutting over moeten slingeren, en niet zo goed doorhebben hoe we moeten ontvangen, vertragen en onderzoeken, gaat bijna dit hele boek over dat laatste. Omdat ik ervan overtuigd ben dat als we dat beter beheersen, onze gesprekken enorm verbeteren. En daarmee het publieke debat, pijnlijke discussies en grote meningsverschillen.

Wanneer je de ander werkelijk begrijpt, in zijn denken bent gekropen, kun je ruimte maken voor jouw verhaal, jouw standpunt. Je wilt namelijk niet alleen je mening ventileren, je wilt ook dat de ander die mening werkelijk kan horen en in zich op kan nemen, toch? Dat betekent dat je een brug bouwt.

Maak een brug

Een brug is zo stevig als de oevers aan beide kanten. Daarom investeer je eerst zoveel tijd, aandacht en energie in het luisteren en uitpluizen van het denken van de ander. Wanneer die oever stevig staat, kun je een bruggetje bouwen en de ander uitnodigen tot het aanhoren en onderzoeken van jouw kant van het verhaal.

En ook die brug kun je maken in de vorm van een vraag: stel je voor dat je met een vriend of collega aan een tafel zit, je hebt net uitvoerig de mening van de ander bevraagd en onderzocht.

Er is een heel dikke kans dat iemand op een gegeven moment vraagt: 'Wat denk jij eigenlijk? Hoe denk jij hierover? Wat vind jij hier eigenlijk van?' Mocht dat niet zo zijn, dan creëer je je eigen ruimte door zelf dat voorstel te doen: 'Ik heb hier ook wel wat ideeën over; zal ik die eens met je delen?' Of: 'Interessant standpunt. Ik ben het niet op alle punten met je eens. Zal ik vertellen hoe ik het zie?'

Het is niet zo dat je met een dergelijke vraag alleen maar toestemming vraagt om je zegje te mogen doen. Je doet er iets anders, heel belangrijks mee: je maakt het hoofd van de ander klaar om te ontvangen. Die ander heeft namelijk net de hele tijd gezonden, zijn eigen gedachten verwoord. Als je dan een ander standpunt te verwerken krijgt, is dat even schakelen. Dat schakelen gaat makkelijker en sneller als je weet dat er zo meteen een andere visie op tafel komt.

Vaak slaan we die stap over; we hebben onze gesprekspartner aangehoord, soms nog een vraag gesteld en we kieperen ons eigen vat vol meningen eroverheen. Zonder enige inleiding, of ruimte om te schakelen en een fijne overgang te maken van de een naar de ander. Door je gesprekken eens op deze manier te voeren, zul je merken dat je meer helderheid en flow ervaart: het is duidelijk wiens opvatting wordt onderzocht, en het wordt nog helderder op welke punten je het wel en niet met elkaar eens bent.

Oefening: brug bouwen

Voer eens een gesprek waarbij je eerst de opvattingen van de ander onderzoekt. Vraag door, luister aandachtig. Misschien vraagt de ander op een gegeven moment naar jouw visie. Kijk of je tot dat moment helemaal kunt doorvragen en bij de ander kunt blijven. Wordt er niet naar jouw visie gevraagd, maak dan zelf een brug met een van de brugzinnetjes:

- Ik heb hier ook wel ideeën over. Zal ik je die eens voorleggen?
- Zal ik eens delen hoe ik hierover denk?
- Ik had net nog een paar inzichten naar aanleiding van je verhaal. Zal ik ze met je delen?

Blijf eens aandachtig kijken en luisteren vlak nadat je de brug hebt gemaakt. Wat gebeurt er met de ander, jullie contact en het gesprek dat erop volgt?

Ja maar, het hoeft toch niet altijd zo?
Ik was op een feestje en vertelde over het boek dat ik aan het schrijven was. Ik vertelde dat het zou gaan over vragen stellen, verdieping in gesprekken en het onderzoeken van je eigen denken en dat van de ander. 'Ja maar,' zei iemand, 'dat hoeft toch niet altijd? Ik heb een vriend en als ik met hem praat, dan komt er gewoon niets terug. Ik stel vragen, maar hij is gewoon niet geïnteresseerd. Dan heb ik ook niet zo de behoefte om heel goed verdiepend vragen te gaan zitten stellen. Dus wat moet ik nou als de ander er niet met net zoveel interesse in zit als ik?'

En dat is natuurlijk waar; waarom zou je energie steken in een gesprek als de ander niet geïnteresseerd blijkt in jouw ideeën en opvattingen? Als het niet gelijkwaardig is? Als het geen tweerichtingsverkeer is?

Ik kan daar moeilijk antwoord op geven, moet ik je eerlijk zeggen. Voor mij persoonlijk geldt dat ik het denken van de ander per definitie interessant vind, leuk vind om uit te pluizen en mijn eigen vraagvaardigheden te oefenen. Zelfs mensen die onzin uitkramen, ongenuanceerd zijn, in mijn allergie zitten vind ik interessant om te bevragen en hún logica (die vaak totaal de mijne niet is) te ontdekken. Door die mensen te bevragen krijg ik een bredere kijk op de rest van de wereld. Door één mens te begrijpen, begrijp je andere mensen, die erop lijken, ook beter. Ik zie die ene persoon niet per se als individu, maar als symbool voor een grotere groep. Ik begrijp daarmee een stukje mens-zijn, wat me hiervoor vreemd was, beter.

Daardoor vind ik het niet altijd erg als er geen interesse of energie terugkomt; ik heb mijn lol al door me te verdiepen in hoe de ander denkt. Ik vind het ook lang niet altijd belangrijk om duidelijk te maken wat ík vind. Ik heb ook niet zo de neiging mensen te overtuigen van mijn opvatting of mening. Ik heb heel fijne gesprekken gehad met mensen die totaal anders denken dan ik, zonder ook maar één keer mijn eigen visie te delen, maar door vooral verwonderd te blijven over de denkwereld van de ander. Mijn eigen denkwereld ernaast leggen en bedenken wat ík dan vind, komt bij mij pas in de auto of thuis. Ik leer de mensheid als geheel beter kennen door me te verdiepen in het denken van één persoon. En daarmee valt voor mij de noodzaak weg om zelf gehoord te worden.

En tegelijk ken ik die ervaring natuurlijk wel: je wilt graag een goed gesprek maar je bent je ervan bewust dat jij vooral de kar trekt. Dan is de vraag: hoe erg vind je dat? En hoeveel energie wil je erin steken? Hoe belangrijk is die wederzijdse interesse voor jou? Kun je genieten van alleen vragen stellen? Of moet er iets tegenover staan? Mijn moeder zegt in dit soort situaties altijd: *choose your battles*. Je hóéft niet met iedereen in gesprek. Die verdwaalde vage achterneef op dat familiefeestje die altijd dezelfde verhalen vertelt? Lekker laten gaan als je er geen zin in hebt. Die collega met wie je niets gemeen hebt en door wie je energie verliest door alleen maar langs te lopen? Natuurlijk hoef je daar geen socratisch gesprek mee aan te knopen.

In de gaten houden of je energie krijgt of lekt bij bepaalde gesprekken of mensen lijkt me heel gezond. En toch: wie weet wat je voor moois tegenkomt als je al je eerdere oordelen en aannames over de ander even loslaat en het toch probeert, al is het maar vijf minuten. Op socratisch onderzoek gaan in het hoofd van precies diegene die niet geïnteresseerd is in jou, die zo anders denkt dan jij, die je misschien wel helemaal niet mag: als je niet al te hoge verwachtingen hebt van je gesprek, zou het zomaar mee kunnen vallen. Het ergste wat je kan gebeuren is dat je een nieuw inzicht opdoet of een bevestiging krijgt van wat je al dacht.

Ik geloof erin dat oprechte interesse voor de ander een cadeau is. Voor die ander. En misschien ook wel voor jezelf. Ik geloof ook dat de wereld van nu behoefte heeft aan goede gesprekken. Aan gesprekken waarin we samen wijzer willen worden in plaats van de ander te overtuigen van ons eigen gelijk. Gesprekken waarin we de tijd nemen voor nieuwe perspectieven en inzichten. Gesprekken waarin we eerst willen begrijpen, en daarna pas begrepen willen worden. Ik denk dat een goed gesprek begint bij een goede vraag. En een goede vraag begint bij 'willen weten', en een houding van nieuwsgierigheid en verwondering. De houding van Socrates.

Socrates zit naast me op de bank. Zijn sneakers zijn vies. Hij heeft net een rondje hardgelopen. Ik kijk 'm aan en vraag: 'Socrates, denk je dat dit boek zoden aan de dijk zet? Dat het veel mensen gaat inspireren en helpen betere gesprekken te voeren? Denk je dat het de wereld een beetje een betere plek kan maken?'

Socrates kijkt me aan en zegt: 'Dat weet ik niet. De tijd zal het leren. En er moet nog veel gebeuren. Maar het is een goed begin.'

Nawoord

Een boek is, net als een theatervoorstelling, misschien wel nooit echt 'af'. De letters staan op papier, maar het denken erover, de ontwikkeling ervan, stopt niet. Een theatervoorstelling verandert van kleur naarmate je die vaker speelt. De details, nuances en personages zijn aan het eind van een voorstellingsperiode niet helemaal hetzelfde als in het begin. In contact met het publiek wordt een voorstelling rijker en ontwikkelt zich. Ik denk dat dat ook zo werkt met een boek: in contact met jou, de lezer, ontstaan er weer nieuwe ideeën, inzichten, vragen. Nieuw denken over de onderwerpen die je in dit boek terugvindt. Dat denken kun je volgen op www.socratesopsneakers.nl en www.denksmederij.nl. Je vindt er artikelen, video's en oefeningen, en in de agenda zie je waar er workshops of lezingen zijn. Natuurlijk kun je daar ook vragen stellen of jouw ideeën en gedachten delen.

Ik ga daar graag met je in dialoog.

Dank!

Zoals een idee beter wordt wanneer je het laat bevragen en ertegenaan laat schoppen, zo wordt een boek dat ook. Voor alle meedenkerij, kritische vragen, bijdragen, ideeën, aanmoedigingen en harten onder riemen wil ik een aantal mensen bedanken. Allereerst iedereen die zijn of haar verhaal wilde delen, antwoord wilde geven op mijn vragen en mee wilde in mijn zoektocht. Veel van jullie verhalen zijn te vinden in dit boek. Dank je wel voor je gulle delen ervan.

Mijn lief Matthijs: voor al het sparren, meedenken, meelezen. Dank voor de slijpsteen die je bent.

Mijn moeder: een eeuwige leerschool in verbinding, vragen stellen en contact. Mijn zusje Anne: wat een rijkdom om iemand naast me te hebben die me door en door kent. Mijn vader, Wim Wiss, die steevast élke bijdrage, elk artikel, elke blog van mij leest, iedere podcast luistert en alles deelt op zijn Facebookpagina – en soms van kritiek of spellingcorrecties voorziet.

Mijn leraren Hans Bolten, Kristof van Rossem, Oscar Brenifier: jullie ideeën, lessen en theorieën zijn verwerkt in dit boek, dank voor alles wat ik van jullie mocht en mag leren.

Floor Overmars van literair agentschap Sebes & Bisseling: dank voor je allereerste mailtje, het grote vertrouwen in de waarde van dit boek en je enthousiasme. Het team van uitgeverij Ambo|Anthos: dankzij jullie begeleiding is het een veel beter boek geworden dan wanneer ik het in mijn eentje had geschreven. Dank.

Ik wil ook graag de Engelse uitgevers en redacteuren van

Penguin Random House UK, de Duitse uitgever Kösel Verlag en de Koreaanse uitgevers van DongYang Books Corporations bedanken voor hun vertrouwen om dit boek in hun land te publiceren. Door jullie hulp bij het vertalen van dit boek zijn diepere en zinvollere gesprekken nu binnen handbereik voor een nog groter publiek.

De meelezers van het eerste uur: Iris Posthouwer, Karin de Galan, Annemiek Laarhoven, Ariane van Heijningen, Sigrid van Iersel, Lars van Kessel, Stella Amesz, Rose Spearman, Nynke Brugman, Ruben Klerkx. Bedankt voor jullie tips, adviezen, kritische noten, woorden van lof en aanmoedigingen. Zonder jullie feedback was dit boek niet geworden wat het is.

Alle supporters via e-mail, LinkedIn, Facebook en Instagram: dank je wel. Je weet het misschien niet, maar in momenten van zelftwijfel was jullie steun hartverwarmend. Jullie voelen een beetje als mijn persoonlijke cheerleadingteam.

En tot slot een dikke dank aan jou, lezer. Dank je wel dat je de tijd neemt om dit boek te lezen. Je te verdiepen in het stellen van goede vragen. Je te ontwikkelen in helder denken, het verwoorden van wat je denkt, het voeren van betere gesprekken en het zoeken naar meer verdieping en verbinding. De manier van gesprekken voeren verander ik niet in mijn eentje door een boek te schrijven. En ook niet van de ene op de andere dag. Maar samen, na verloop van tijd, kunnen we iets teweegbrengen. En jij bent daar een belangrijke bouwsteen in. Dank je wel.

Bibliografie

INLEIDING

Lammert Kamphuis, *Filosofie voor een weergaloos leven*. Amsterdam: De Bezige Bij, 2018

Carolina Lo Galbo, 'Hoe Femke Halsema verbindend werd', *Vrij Nederland*, 25 april 2019 (https://www.vn.nl/femke-halsema-verbindend-burgemeester/)

1 WAAROM ZIJN WE ZO SLECHT IN HET STELLEN VAN GOEDE VRAGEN?

Ellen de Visser, 'Waarom je bij problemen beter geen advies kunt geven', *de Volkskrant*, 13 juli 2018 (https://www.volkskrant.nl/de-gids/waarom-je-bij-problemen-beter-geen-advies-kunt-gevenffib80bcac7/)

Huub Buijssen, *Mag ik je geen advies geven? In 6 stappen van probleem naar oplossing met de methode coachende gespreksvoering*. Tilburg: TRED Buijssen Training en Educatie, 2018

Adrian F. Ward, 'The Neuroscience of Everybody's Favorite Topic', *Scientific American*, 16 juli 2013 (https://www.scientificamerican.com/article/the-neuroscience-of-everybody-favorite-topic-themselves/)

Diana I. Tamir & Jason P. Mitchell, 'Disclosing Information about the Self Is Intrinsically Rewarding', PNAS 109 (21), p.8038-8043. 22 mei 2012

Anne Neijnens, 'Jan Geurtz: De Spirituele Liefdesrelatie', *De Anne Neijnens Show*, 22 augustus 2018 (https://soundcloud.com/anneneijnens/jangeurtz)

Sigrid van Iersel in gesprek met Elke

Brené Brown, *Verlangen naar verbinding* [*Braving the Wilderness*], vert. Bonella van Beusekom. Amsterdam: Lev., 2018

Dit was het nieuws, 17 december 2017

Nathalie Huigsloot, 'Janine Abbring: "Als je wilt weten waarom God niet bestaat, moet je naar het leven van mijn moeder kijken"', *Volkskrant Magazine*, 6 juli 2018 (https://www.volkskrant.nl/mensen/janine-abbring-als-je-wilt-weten-waarom-god-niet-bestaat-moet-je-naar-het-leven-van-mijn-moeder-kijkenffibfa2f8a5/)

Rob Wijnberg, *De nieuwsfabriek: hoe de media ons wereldbeeld vervormen*. Amsterdam: De Bezige Bij, 2013

Leonie Breebaart, 'Daan Roovers, de nieuwe Denker des Vaderlands: "Waarom zou mijn mening interessanter zijn dan de jouwe?"', *Trouw*, 26 maart 2019 (https://www.trouw.nl/religie-filosofie/daan-roovers-de-nieuwe-denker-des-vaderlands-waarom-zou-mijn-mening-interessanter-zijn-dan-de-jouweffib68c96c45/)

Ruben Mersch, *Waarom iedereen altijd gelijk heeft*. Amsterdam: De Bezige Bij, 2016

Jonathan Haidt, 'The Emotional Dog and Its Rational Tail: A Social Intuitionist Approach to Moral Judgment', *Psychological Review* 108, p. 814-834. 2001

Ruben Mersch, *Van mening verschillen: een handleiding*. Gent: Borgerhoff & Lamberigts, 2018

Malou van Hintum, 'Een beetje emotie kan helpen overtuigen, want met feiten alleen kom je er niet', *Trouw*, 17 maart 2018 (https://www.trouw.nl/religie-filosofie/een-beetje-emotie-kan-helpen-overtuigen-want-met-feiten-alleen-kom-je-er-nietffibe54f041/)

Elke Wiss, 'Een interview met Ariane van Heijningen – inclusief schaterlach', podcast De Denksmederij (https://www.denksmederij.nl/podcast.html)
SLO, '21ste eeuwse vaardigheden', Stichting Leerplan Ontwikkeling (https://slo.nl/thema/meer/21e-eeuwsevaardigheden)
Jan Bransen, *Gevormd of vervormd? Een pleidooi voor ander onderwijs*. Leusden: ISVW Uitgevers, 2019

2 KERN: DE SOCRATISCHE HOUDING

Massimo Pigliucci, *Hoe word je een stoïcijn? Oude filosofie van het moderne leven* [*How to Be a Stoic*], vert. Ruud van de Plassche. Utrecht: Ten Have, 2017
Reinoud Eleveld, 'Wu Wei, de kunst van het Niet-Doen', 23 juli 2018 (https://taotraining.nl/wu-wei-de-kunst-van-het-niet-doen/)
Paul Bloom, *Against Empathy*. New York: Vintage Publishing, 2018
Paul Bloom, 'Against Empathy', *Boston Review*, 10 september 2014 (http://bostonreview.net/forum/paul-bloom-against-empathy)
Henry Fonda (producent) & Sidney Lumet (regisseur) *12 Angry Men*. Beverly Hills, CA: United Artists, 1957
Marlou van Paridon, *Socratisch gesprek voor beginners*. Leusden: ISVW Uitgevers, 2017
Jos Delnoij & Wieger van Dalen (red.), *Het socratisch gesprek*. Budel: Damon, 2003
Jos Kessels, *Socrates op de markt: filosofie in bedrijf*. Amsterdam: Boom, 1997
Plato, 'Sokrates' verdediging', in *Sokrates' leven en dood*, vert. Gerard Koolschijn. Amsterdam: Athenaeum-Polak & Van Gennep, 1995
Plato, 'Protagoras', in *Verzameld werk* II, vert. Xaveer De Win. Baarn: Ambo, 1978
Harm van der Gaag, *Wie het niet weet mag het zeggen. In de spreekkamer van de filosofische praktijk*. Leusden: ISVW Uitgevers, 2013

3 VRAAGVOORWAARDEN

Plato, 'Protagoras', in *Verzameld werk* II, vert. Xaveer De Win. Baarn: Ambo, 1978

Hans Bolten, 'Het socratisch gesprek als instrument voor teamreflectie', *Organisatie instrumenten*, maart 2003 (https://boltentraining.nl/wp-content/uploads/2013/01/spreken-buiten-de-orde.pdf.)

4 VRAAGVAARDIGHEDEN: TECHNIEK, TIPS EN VALKUILEN

Plato, 'Protagoras', in *Verzameld werk* II, vert. Xaveer De Win. Baarn: Ambo, 1978

Hans Bolten, 'Het socratisch gesprek als instrument voor teamreflectie', *Organisatie instrumenten*, maart 2003 (https://boltentraining.nl/wp-content/uploads/2013/01/spreken-buiten-de-orde.pdf.)

Monique Fischer, *Reflect(l)eren in het basisonderwijs*, p.67. Naarden: MF Consulting, 2017

Herman de Mönnink, Donatus Thöne, Ton IJpenberg en Sander Slots, 'Waarom we niet te vaak moeten vragen: waarom?', *NRC Handelsblad*, 17 januari 2012 (https://www.nrc.nl/nieuws/2012/01/17/waarom-we-niet-te-vaak-moeten-vragen-waarom-12153260-a1070078)

Vraagzin, 'De kunst van het stellen van goede waarom-vragen', 6 oktober 2017 (https://www.vraagzin.nl/2017/10/de-waaromvraag.html)

Harry Starren, 'Waarom…… we vaker moeten vragen: waarom?', *NRC Handelsblad*, 10 januari 2012 (https://www.nrc.nl/nieuws/2012/01/10/waarom-we-vaker-moeten-vragen-waarom-12150125-a82821)

Francis Gastmans, 'Waarom niet de waarom-vraag stellen?', 9 februari 2016 (https://francisgastmans.com/2019/09/30/waarom-niet-de-waarom-vraag-stellen/)

Mark Eikema, ‘Praktische filosofie, het stellen van vragen en de waarde van niet-weten, met Elke Wiss’, *Kramcast*, 17 juli 2019 (https://open.spotify.com/episode/4grLF8VQDojiO1ranznM9c)

Hans Bolten, ‘Het socratisch gesprek als instrument voor teamreflectie’, *Organisatie instrumenten*, maart 2003 (https://boltentraining.nl/wp-content/uploads/2013/01/spreken-buiten-de-orde.pdf.)

Ariane van Heijningen, ‘Ik wil confronteren’, 25 november 2018 (http://blog.denkplaats.nl/2018/11/25/ik-wil-confronteren/)